OPTIMUM

Collection dirigée par Fabien Fichaux

L'anglais aux concours SESAME – ACCES

TEAM – IPAG – PASS – PRISM

Fabien FICHAUX

Docteur en Anglais
Diplômé de Sciences Po Paris
Professeur en Classes préparatoires

ellipses

Du même auteur, chez le même éditeur

Petit dictionnaire culturel britannique et américain, 2007

Réussir l'épreuve d'anglais à l'entrée de Sciences Po Paris et Province, 2006

Fiches de civilisation américaine et britannique, 2006

Huit jours pour réussir le TOEFL, 2006

La grammaire au TOEFL, 2006

Lost in Translation, L'anglais d'aujourd'hui dans les médias, 2005

TOEFL - Épreuves d'entraînements, 2005

Réussir le TOEFL, 2004

A to Z - Dictionnaire culturel britannique et américain, 2004

Definitely British, Absolutely American! - Manuel de civilisation britannique et américaine, 2002

Réussir les épreuves d'anglais à l'entrée de Sciences Po Paris, 2002

Just Write It - L'expression écrite en langue anglaise, 2001

Intégrer les IEP de Province, 2001

Intégrer les Sciences Po en admission parallèle, 2001

Intégrer Sciences Po Paris, 2000

ISBN 978-2-7298-3575-0

32, rue Bargue 75740 Paris cedex 15

www.editions-ellipses.fr

Remerciements
L'auteur remercie M. Didier Guillard qui a rédigé les commentaires des épreuves Sesame.

BIBLIOGRAPHIE

Voici une liste d'ouvrages qui pourront vous aider dans le cadre de votre préparation :

- Un dictionnaire unilingue : *English Language Dictionary,* Collins and Cobuild, Longman.
- Un ouvrage utile pour l'apprentissage du vocabulaire et les rappels de grammaire : *60 étapes pour réussir en anglais,* Michèle Winter, collection « Optimum », Ellipses.
- Un ouvrage pour travailler le vocabulaire : *Les mots entre eux, Words and Their Collocations*, Bouscaren & Lab, Ophrys.
- Un ouvrage pour travailler les principaux thèmes de civilisation : *Definitely British, Absolutely American!,* collectif, collection « Optimum », Ellipses ou encore : *Fiches de civilisation américaine et britannique,* collectif, Collection Optimum, Ellipses.
- Un ouvrage pour travailler l'expression écrite : *Just Write It!,* Brigitte de Guillebon & Fabien Fichaux, collection « Optimum », Ellipses.

TABLE DES MATIÈRES

INTRODUCTION

Aussi variées soit-elles, les différentes épreuves d'anglais aux Concours Sesame, Accès, Team, Ipag, Prism ou encore Pass visent toutes le même objectif : tester vos bases en grammaire, en vocabulaire, en compréhension et enfin en expression. Le plus souvent les exercices se présentent sous forme de Questions à Choix Multiples, d'affirmations de type vrai-faux ou encore de « textes à trous ». Le format des différentes épreuves est bien évidemment important à appréhender mais en définitive les bases et autres incontournables de la langue anglaise se retrouvent systématiquement d'un concours à un autre.

Conscient du temps souvent limité dont vous disposez pour préparer les Concours, cet ouvrage se veut de taille raisonnable. Seuls les points indispensables ont été abordés et nous avons systématiquement refusé les digressions qui risquaient de vous faire perdre le fil ou tout simplement de vous distraire de votre objectif premier : maîtriser les bases et points qui reviennent systématiquement aux concours.

Cet ouvrage a été conçu en trois parties distinctes.

La partie 1 reprend les bases de la langue sous ses trois aspects fondamentaux :

- **La grammaire** : nous avons cherché à limiter les rappels à 200 points volontairement succincts et inévitablement incomplets. Toutefois l'expérience de longues années de préparation a montré que leur apprentissage devait à lui seul vous permettre de couvrir les points récurrents aux concours ;
- **Le vocabulaire et la compréhension** ;
- **L'expression** : ce chapitre vous donne une méthode solide et immédiatement applicable pour aborder les exercices de rédaction.

La partie 2 reprend chacun des différents concours et en décortique les formats avant de vous proposer une ou deux épreuves types corrigées.

La partie 3 s'articule autour le la préparation à l'épreuve orale : format des épreuves, méthodologie générale mais aussi et surtout cette partie vous proposera des listes de vocabulaire sur les principaux thèmes de l'examen. Elle a été complétée par le vocabulaire indispensable pour présenter un article, le commenter, prendre position et enfin vous donne toutes les expressions et tournures dont vous aurez besoin pour structurer votre discours.

Cet ouvrage se veut autant être un ouvrage de méthodologie simple et abordable qu'un recueil d'épreuves d'entraînemenent. Il a été conçu afin de pouvoir être assimilé sur un laps de temps relativement court afin de s'adapter à l'emploi du temps des étudiants.

J'espère sincèrement qu'il répondra à ces objectifs et qu'il vous accompagnera efficacement dans le cadre de votre préparation.

Bon courage.

N'hésitez pas à poser des questions à l'auteur ou faire part de vos remarques sur fabienfichaux@yahoo.fr

1re PARTIE

MAÎTRISER LES BASES

grammaire, vocabulaire, compréhension & expression écrite

Cette partie a pour objectif de passer en revue les bases que vous devez absolument maîtriser à l'entrée de chacun des concours. Nous vous invitons à vérifier que ces éléments vous sont familiers.

CHAPITRE 1
LA GRAMMAIRE

La grammaire occupe une place de premier plan à l'entrée de chacun des concours. Les Écoles s'attendent à ce que les candidats maîtrisent parfaitement les bases du secondaire et testent le plus souvent le niveau de compétence au travers d'exercices de types QCM :

- **Sesame** : 30 QCM de structures ;
- **Acces** : 50 QCM de structures ;
- **Team** : des phrases à compléter avec des points de grammaire et de structures (« Fill in the Blank ») et des phrases comportant des erreurs à identifier (« Identify the Error ») ;
- **Ipag** : 40 QCM portant sur des points de mécanismes et de compréhension ;
- **Prism** : 15 QCM de grammaire ;
- **Pass** : 50 QCM de grammaire, expression et vocabulaire.

L'improvisation n'a que peu de place dans les concours d'où la nécessité de bien connaître les bases et les incontournables que vous avez appris dans le secondaire. Tel est le but du chapitre qui suit.

Les règles qui vous sont présentées sont de simples rappels sur des aspects ponctuels de la grammaire. Ils ne peuvent (ni ne doivent) se substituer aux grammaires classiques qui présentent les avantages d'une certaine exhaustivité. Sans pour autant être subjectifs, les choix qui ont été faits ne permettent toutefois pas de couvrir tous les cas de figure. Nous avons simplement essayé à travers 200 points - volontairement très synthétiques - de couvrir les écueils grammaticaux les plus fréquents, ou les points qui reviennent le plus souvent dans les épreuves.

L'ARTICLE

L'emploi de l'article est une source d'erreur fréquente en anglais. Avant d'entrer dans les détails, voici quelques points généraux à avoir en tête :

• **L'article indéfini** (« *a* » ou « *an* ») s'emploie traditionnellement quand on fait référence à un nom sans que ce dernier soit défini de façon précise. C'est ainsi que l'on dira « ***a book*** » pour parler d'un livre sans en préciser l'origine, le contenu, la nature... par opposition à « ***the book*** » qui est lui déterminé : on ne parle plus de n'importe quel livre mais d'un objet précis.

Il s'agit de la même distinction que celle qui est faite en français entre « un » et « le ».

• **L'article défini** « *the* » indique que le nom n'est plus employé dans un contexte général mais que l'on parle de quelque chose de précis, de « déterminé ». Le passage entre la notion de « nom général » à celle de « nom déterminé » peut se faire de deux grandes façons :

1. Le contexte

- I bought **a** dress. **The** dress was expensive.

Dans la première phrase, on parle du nom « *robe* » de façon générale : il est donc normal d'employer l'article indéfini. Dans la deuxième phrase, on apporte une précision sur la robe en question : il ne s'agit plus de n'importe quelle robe mais de celle que je viens d'acheter. Il faut donc employer l'article défini.

2. Les précisions que l'on apporte sur le nom.

- **The** window in the kitchen is open.

Il ne s'agit pas de n'importe quelle fenêtre mais de celle qui est dans la cuisine. La précision ainsi apportée demande l'utilisation de l'article « *the* », ce qui n'aurait pas été le cas si l'on voulait parler d'une fenêtre en général : ***a** window* (on dit que le nom est déterminé).

Une fois ces principes généraux énoncés et pour savoir si un nom doit être précédé d'un article (défini ou indéfini), il faut répondre à trois questions :

1. Le nom est-il dénombrable ou indénombrable ?
2. Le nom est-il déterminé ou indéterminé ?
3. Le nom est-il singulier ou pluriel ?

On a donc six grands cas de figures possibles qui ont été répertoriées dans les tableaux ci-dessous (notez toutefois qu'il s'agit là de règles générales qui souffrent des exceptions) :

Cas n° 1	**nom 1) dénombrable, 2) singulier et 3) indéterminé**
	on emploie l'article indéfini « *a* » (ou « *an* »)
	I would like **a** drink.

Cas n° 2	**nom 1) dénombrable, 2) singulier et 3) déterminé**
	on emploie l'article défini « *the* »
	Have you seen **the** dog?

Cas n° 3	**nom 1) dénombrable, 2) pluriel et 3) indéterminé**
	pas d'article
	I hate **ø** peaches.

Cas n° 4	**nom 1) dénombrable, 2) pluriel et 3) déterminé**
	on emploie l'article défini « *the* »
	I have asked **the** children to go to bed.

Cas n° 5	**nom 1) indénombrable, 2) indéterminé**
	pas d'article
	Ø Wealth is the number one objective for more and more people.

Cas n° 6	**nom 1) indénombrable, 2) déterminé**
	on emploie l'article défini « *the* »
	I don't understand **the** English they speak.

Si l'on essaie maintenant de répertorier l'emploi ou l'omission de l'article par grandes catégories de noms, les règles suivantes se dégagent :

1. On emploie généralement l'article défini « *the* » devant :

1. Les « objets » uniques : *the world, the moon, the weather*.
2. Les marques du temps dès lors où il s'agit de repères imprécis : *the present, the past, the future*.
3. Les parties du corps : *the brain*.

Attention, on parle ici de la partie du corps employée dans son sens générique. À l'inverse on dira : « *He doesn't have a brain* » – *The Wizard of Oz*. Le sens est alors différent : ici on veut dire qu'il n'est pas intelligent… même s'il a bel est bien un cerveau…

4. Les noms qui désignent une catégorie d'objets ou un groupe de personnes : *the middle class, the poor*.
5. Les noms d'espèces en général : *the dog* (attention toutefois à « *man* » et « *woman* » qui font exception à cette règle et ne sont pas précédés de l'article).

   (Notez l'emploi de l'article indéfini dans a dog, cas où l'on ne fait pas référence à l'espèce.)
6. Les titres attribués à certaines personnes (quand on ne précise pas le nom de la personne mais que cette dernière est parfaitement déterminée) : *the President*.

   Note : l'emploi de « *the* » implique là encore que l'on parle d'une personne bien précise et qu'il n'y a pas le moindre doute sur l'identité de cette dernière. Cela peut être le président de la société, le président du conseil, peu importe. L'interlocuteur sait parfaitement identifier la personne en question.

   Notez aussi que l'on peut parfaitement dire « *a president* » (ce dernier n'étant pas défini de façon précise).
7. Les noms de partis (s'ils sont suivis de « *party* ») : *the Democratic Party*.
8. Les événements historiques ou politiques : *the Renaissance*.
9. Les adjectifs substantivés à sens abstrait : *the unknown* (voir note 50).
10. Les noms de nationalités au pluriel : *the Americans*.
11. Les noms d'institutions : *the government*.

    Attention toutefois à deux exceptions importantes : *Parliament, Congress*.
12. Les noms d'objets issus d'invention : *the radio*.

    Exception : *television* quand on ne parle pas de l'objet mais du concept, de l'idée : *He is watching television*. En revanche, quand on parle du poste de télévision (de l'objet) on dira bien *the television* (ou *a television* selon le cas) : *Is the television on?*
13. Les appositions : *his father, the well-known scientist, retired last year*.
14. Les nombres ordinaux : *the fourth*.
15. Les superlatifs : *the worst* (voir note 16).
16. Les noms de journaux : *the Times*.

2. **Quand les noms suivants sont employés dans leur sens général (c'est-à-dire quand ils sont indéterminés), ils ne sont généralement pas précédés de l'article « *the* ». C'est le cas pour :**

1. Les noms couvrant des notions abstraites : *love, madness*.
2. Les sciences : *mathematics*.
3. Les activités artistiques : *music*.
4. Les marques du temps précis (saisons, jours de la semaine, mois, principales fêtes du calendrier) : *Christmas, Monday*.
5. Les genres littéraires : *drama*.
6. Les noms de matières : *glass*.
7. Les noms d'aliments et de boissons : *butter*.
8. Les noms de langues : *English*.
9. Les noms de couleurs : *blue*.
10. Les noms de jeux : *chess*.
11. Les noms de sport : *football*.
12. Les noms de repas : *dinner*.
13. Les maladies : *cancer* (exceptions : *the plague, the flu*).

3. **Attention, la règle précédente n'est valable que si le nom est employé dans son sens général. S'il est utilisé dans un contexte ou un sens particulier, l'emploi de l'article est indispensable.**

- I love **Ø** Spanish : J'aime l'espagnol.

On parle de la langue en général et par conséquent l'article ne doit pas être utilisé.

- **The** Spanish they speak in southern Spain is difficult to understand : L'espagnol parlé dans le sud de l'Espagne est difficile à comprendre.

On ne parle plus cette fois de l'espagnol en général mais de la langue qui est parlée dans le sud de l'Espagne. Le nom est désormais déterminé ce qui impose l'emploi de l'article.

4. **Que se passe-t-il quand le nom est précédé d'un adjectif ?**

Le nom sera précédé de l'article si l'adjectif restreint le sens du nom de façon forte. Dans le cas contraire, l'article est omis. Pour mieux comprendre, prenons les principaux cas de figure auxquels vous pouvez être confrontés :

• Premier cas de figure : le nom est précédé par un simple adjectif épithète :

- Ø Breakfast tea.

« *Breakfast tea* » ne constitue pas quelque chose d'unique mais une catégorie de thé. Bien que plus « restreinte » que « *tea* », l'ensemble formé par « *breakfast tea* » est suffisamment **large et indéterminé** pour que l'on n'emploie pas l'article.

• Deuxième cas de figure : le nom est précédé d'une épithète qui en précise **fortement** le sens au point d'en faire un nom unique en son genre. La détermination est alors suffisante et totale ; l'emploi de l'article est indispensable :

- The New World (pour faire référence à l'Amérique).

5. L'ensemble formé par un adjectif suivi d'un nom de personne prendra l'article :

- **The** Great Gatsby.

Toutefois on omettra l'article si l'adjectif a une connotation familière :

- **Ø** Good old Elvis!

6. Les sigles

Quand chacune des lettres utilisées pour former un sigle se prononce séparément (comme dans *EEC* par exemple), le sigle est précédé de l'article : *the EEC*.

Dans le cas contraire, le sigle ne prend pas l'article : *NATO*.

7. On n'emploie pas « *the* » après un cas possessif et après « *whose* ».

- He thanked his cousin, whose help was very valuable.

8. Attention à ne pas confondre les noms de lieux et les noms d'activités. Selon le sens, on mettra ou non l'article.

Par exemple quand « *school* » représente un lieu précis, on emploiera l'article :

- **The** school has been rebuilt (le bâtiment).

Mais quand on parle de l'activité, on ne met plus d'article :

- **Ø** School is mandatory for all children under 16.

Attention : Pour les noms qui peuvent faire référence à un lieu et une institution (*church* par exemple) voir aussi la note grammaticale 1.11.

9. L'article et les titres

• Si le titre n'est pas suivi du nom de la personne, on doit mettre l'article :

- **The** Duke.

• Si le titre est accompagné du nom de la personne, on omet l'article :

- **Ø** President Roosevelt, **Ø** Prime Minister Brown.

10. Attention à ne pas confondre les cas possessifs et les groupes nominaux.

Il existe trois formules pour traduire « la politique de Roosevelt » :

- **The policy of Roosevelt**

L'article « *the* » doit impérativement être utilisé devant « *policy* » puisque ce nom est parfaitement déterminé (par « *of Roosevelt* »).

- **Roosevelt's policy**

Jamais d'article pour les constructions sur le schéma « nom propre + 's + nom ».

- **The Roosevelt policy**

Il s'agit ici d'un groupe nominal composé de deux noms ; « *the* » est ici indispensable car il définit « *policy* ».

Notez que les groupes nominaux formés selon le schéma **nom + nom singulier** sont précédés de l'article : *the petrol tax.*

11. Les groupes nominaux formés sur le schéma nom + nom pluriel ne prennent généralement pas d'article : *petrol taxes.*

On dira toutefois : *the table legs are crooked.* On parle ici d'une table bien précise, déterminée tandis que dans le cas précédent, il s'agissait des taxes sur le pétrole en général.

12. Pour faire référence aux parties du corps, le français emploie l'article défini tandis que l'anglais préfère le possessif.

- She has broken **her** arm : elle s'est cassée **le** bras.

13. L'article avec « *next* » et « *last* »

Quand « *next* » et « *last* » permettent de situer une action par rapport à l'instant présent, on n'emploie pas l'article :

- He came back last week : la semaine dernière.
- My brother promised he would be back next week : la semaine prochaine.

Quand « *next* » et « *last* » situent une action dans tout autre contexte que le présent (passé, futur), l'article est indispensable :

- The next time he comes, we will be ready.
- I met him the last week of August.

« *The* » est employé quand le nom qui suit « *next* » ou « *last* » est déterminé (« *of August* », « *time he comes* »).

14. L'article avec « *most* », « *both* » et « *some* »

Quand « *most* », « *both* » et « *some* » sont suivis d'un nom seul, on n'emploie jamais l'article :

- Most **Ø** people would refuse to leave their country unless they really have to.

En revanche, quand le nom est déterminé, il faut employer l'article :

- Most of **the** people I know would refuse to leave their country.

15. Les noms de professions sont précédés de l'article indéfini.

- His father is **a** journalist.

Bien évidemment, on utilisera « *the* » si le nom est déterminé :

- **The** journalist who works for us is brilliant.

16. L'article avec les superlatifs

On doit utiliser l'article défini « *the* » avec les superlatifs :

- He is **the** most intelligent person I know.

Toutefois, il existe deux cas où « *the* » peut être omis :

- Quand le superlatif modifie le verbe :
  - This is what I hate (the) most.
  - The boss eventually chose the candidate who talked (the) least.
  - He ran (the) fastest of all.
- Quand le superlatif est absolu :
  - He was only thankful to the man who had been (the) most generous to him.

Attention, dans cette dernière phrase, le sens est différent selon que l'on utilise « *the* » ou pas :

- … who had been most generous to him : qui a été très généreux avec lui.
- … who had been the most generous to him : qui a été le plus généreux avec lui (sous entendu qu'il y a eu plusieurs personnes).

17. « *a* » ou « *an* » ?

On emploiera « *a* » devant tout nom commençant <u>phonétiquement</u> par une consonne :

- a car, a university, a year.

On emploiera « *an* » devant tout nom commençant <u>phonétiquement</u> par une voyelle :

- an idiot, an MP, an hour.

18. Il faut employer l'article indéfini devant les noms qui servent à « mesurer » le prix, le temps, la rapidité, la notion d'unité en général.

- He was paid £20 **an** hour.
- They used to go to London twice **a** year.

19. L'article défini s'emploie après une préposition suivie d'un nom comptable singulier.

- She went out <u>without</u> a coat.

20. Notez que l'on pourrait aussi utiliser « the » dans cette phrase :

- She went outside without <u>the</u> coat.

Dans ce cas précis, on ne fait pas référence à n'importe quel manteau mais à celui dont on vient de parler (contexte).

21. L'article et les idiomatismes : quelques expressions à connaître.

- avec « ***a*** » ou « ***an*** »

to have a headache	*once a week*
to make a noise	*as a rule*
to make a fortune	*to be at a loss*
to make a fuss	*to have a temperature*

to be in a hurry	*to have a sense of humour*
to be in a bad mood	*to put an end to*
all of a sudden	*to have no hope of a future*

- avec « ***the*** »

in the morning	*in the open*
in the afternoon	*on the right*
all around the world	*in the country*

- sans « ***the*** » ni « ***a*** »

to go into business	*by air*
by day	*on earth*
at dawn	*at hand*
at sunrise	*in jail*
at home	*in town*
by train	*in bed*

SINGULIER OU PLURIEL ?

22. Un certain nombre de noms sont des pluriels en français, des singuliers en anglais. Parmi eux, les plus fréquents sont :

news	des nouvelles	*knowledge*	les connaissances
information	des renseignements	*hair**	des cheveux
baggage	des bagages	*advice*	des conseils
luggage	des bagages	*evidence*	des preuves
travel	les voyages	*progress*	des progrès
furniture	des meubles		

* Attention *hairs* existe également, mais il signifie « poils ».

- No news **is** good news.

23. De la même façon, un certain nombre de noms sont singuliers en français, pluriels en anglais. C'est le cas pour :

trousers	un pantalon	*customs*	la douane
shorts	un short	*stairs*	un escalier

24. Un certain nombre de noms ne possèdent qu'une forme au pluriel et sont bien évidemment suivis d'un verbe au pluriel :

annals *earnings* *savings* *thanks*
arrears *headquarters* *scissors*
customs *outskirts* *surroundings*

25. Quelques pluriels irréguliers à connaître

	Singulier	Pluriel
Pluriels en « *ice* »	*die* (un dé) *louse* (un pou) *mouse* (une souris)	*dice* *lice* *mice*
Pluriels en « *ee* »	*foot* *tooth*	*feet* *teeth*
Pluriel en « *en* »	*man* *woman* *child*	*men* *women* *children*
Pluriel des noms grecs	*phenomenon* *criterion* *crisis* *analysis* *thesis* *basis*	*phenomena* *criteria* *crises* *analyses* *theses* *bases*
Pluriel des noms latins	*datum* *medium* *stratum*	*data* *media* *strata*

26. Le fait qu'un nom se termine par un « *s* » en anglais ne signifie pas qu'il soit suivi d'un verbe au pluriel.

Parmi les principaux, on citera :

- news : des nouvelles
- politics : la politique
- economics : l'économie (en tant que science)

27. Les noms terminés pas « *ics* » sont généralement singuliers.

- economics, politics, mathematics, physics, ethics,...

28. Certains noms sont employés au singulier ou au pluriel, selon le contexte : *family, government, police, class, party, team,...*

- The police have arrested the thief (on parle d'un ensemble d'individus appartenant à la police, « the police » est alors suivi d'un pluriel).
- The police is a great institution (on parle du tout, de l'institution : on emploie un singulier).

29. Certains noms ont un sens différent selon qu'ils sont employés au singulier ou au pluriel.

- hair : cheveux, mais hairs : poils.
- business : les affaires ou une firme, mais businesses : des firmes commerciales.

30. Les verbes qui suivent les composés de « *som e* », « *any* », « *every* », et « no » (*somebody, everybody, anybody*, etc.) sont au singulier.

- Everybody know<u>s</u> what's going on.

31. En revanche, les tags associés aux mêmes composés, de même que les pronoms et adjectifs possessifs sont au pluriel.

- Everybody knows that, **don't they**?

LE CAS POSSESSIF

32. Le cas possessif se forme en ajoutant un « *'s* » après le nom de la personne possédante.

- Mike's car.

Cas particuliers

33. Si le possesseur est un nom pluriel terminé par un « *s* », la marque du génitif se fera en ajoutant une simple apostrophe après ce nom.

- My parents' house.

34. Si le possesseur est un nom pluriel mais dont la terminaison est autre qu'un « *s* », la règle initiale s'applique et par conséquent on ajoutera « *'s* » à ce nom pluriel.

- Women's magazines.

35. Si le nom est au singulier et se termine par un « *s* », on emploie la marque pleine du cas possessif : « *'s* ».

- The princess's sons.

36. Après les noms propres terminés par un « *s* », on ajoute généralement « *'s* » pour marquer le cas possessif.

- Doris's mother.

(Toutefois, dans la pratique, l'emploi de l'apostrophe seule est de plus en plus fréquent : *Doris' mother*).

Exceptions : on n'emploie que l'apostrophe après les noms propres suivants : *Jesus, Moses, Achilles (Achilles' heel).*

37. Un cas possessif formé avec un nom propre ne pourra être précédé de l'article.

- Roosevelt's administration, que l'on comparera avec le nom composé : **The** Roosevelt administration.

Voir note grammaticale 10.

38. Afin d'éviter d'alourdir les structures, on a souvent tendance à ne pas reprendre un nom quand on l'a préalablement mentionné et qu'il n'y a pas de risque de confusion ou d'incompréhension.

- I'd prefer not to take this umbrella as it is my mother's, plutôt que
- I'd prefer not to take this umbrella as it is my mother's umbrella.

39. Le génitif générique

Quand un nom est formé à partir de deux noms dont l'un précise la catégorie du deuxième, on peut employer un cas possessif :

- Women's magazines.

Il n'y a ici aucune notion de possession ou de parenté entre les deux noms, mais une restriction du nom général *magazines* par un élément qui en restreint et en précise le sens : *women*. On parle alors de **génitif générique**.

Pour bien comprendre la distinction entre ces deux formes de génitif, il faut garder à l'esprit que :

• Le génitif déterminatif crée un lien « occasionnel » entre deux noms : on trouvera *Margaret's dog*, comme on pourra avoir *Margaret's house* ;

• Le génitif générique crée un lien plus solide entre les deux noms qui finissent par n'en former qu'un seul, avec une identité propre : *men's shirts, men's hobbies.*

40. Le cas possessif s'emploie dans certaines expressions sans raison ou règle apparente. C'est le cas pour :

• Un certain nombre d'expressions composées à partir de « *sake* » : *art for art's sake, for God's sake, for Jesus' sake, for Heaven's sake,...*

• D'autres expressions : *at arm's length, the water's edge, the razor's edge, at a stone's throw, at one's wits' end, in my mind's eye*,...

41. La marque du cas possessif s'emploie pour couvrir la notion de date.

- Sunday's concert (le concert du dimanche).

42. Le cas possessif elliptique

Dans la formation du cas possessif, le deuxième nom n'est pas forcément indispensable à la compréhension. Dans ce cas on l'omet le plus souvent, mais la marque « **'s** » doit impérativement rester.

- She went to the pharmacist's, pour : she went to the pharmacist's shop.

Un tel emploi est fréquent quand le deuxième nom est : *shop, school, college, hospital, cathedral, church.*

- St Paul's.

43. De la même façon, on écrira les noms des magasins ou établissements commerciaux avec la simple « *'s* ».

- Macy's.

LES NOMS COMPOSÉS

44. La formation des noms composés

Un nom composé est constitué de deux noms (au moins) qui sont associés pour former une nouvelle expression.

Le nom composé se forme sur le schéma standard suivant :

déterminant + (tiret +) déterminé :

- a horse race.

Le nom principal est « *race* », le nom « *horse* » n'en fait que préciser le sens et en délimiter le champ. « *Horse* » joue le rôle d'adjectif.

Notez que l'ordre des mots est vraiment important :

- a horse race : une course de chevaux.
- a race horse : un cheval de course.

45. Les deux parties du nom composé ne sont pas systématiquement des noms. Les noms composés peuvent en effet se former selon plusieurs schémas :

- nom + nom : *horse race*
- adjectif + nom : *grandparents*
- adverbe + nom : *underdevelopment*
- participe présent + nom : *sliding scale*
- préposition + nom : *bylaws*
- lettre + nom : *U-turn*
- adverbe + verbe : *outburst*

46. Quelques règles concernant le pluriel des noms composés

Dans un nom composé à partir de deux substantifs, l'un des deux apporte une précision sur la nature du substantif (principal) : il a valeur adjectivale et se place avant ce dernier. Par exemple, le nom composé « *horse race* » apporte une précision sur le substantif « *race* » : on ne parle pas de n'importe quelle course mais d'une course de chevaux.

Dans ce cas, la marque du pluriel se porte sur le substantif principal.

On dira donc *horse race**s*** : des courses de chevaux.

• Quand le nom composé ne comporte qu'un seul substantif, la marque du pluriel se porte sur ce dernier.

- mother**s**-in-law.

• Quand le nom composé ne comporte aucun substantif, la marque du pluriel se porte sur le dernier élément.

- the grown-up**s**.

Les noms composés avec pour premier élément « *man* » ou « *woman* » prennent la marque du pluriel sur les deux éléments.

- wom**en** driver**s**.

L'ADJECTIF

47. L'adjectif est invariable en genre et en nombre.

- The new boss was wearing **pink** trousers.

48. L'adjectif se place avant le nom s'il est épithète.

- an expensive mansion.

49. L'adjectif se place après le nom dans les trois cas suivants :

1. S'il est déterminé par une expression ou une proposition explicative.

- He brought a case **full** of books.

2. S'il modifie les pronoms composés de « *body* », « *one* » ou « *thing* ».

- What have you been doing all day? Nothing **special**.

3. S'il s'agit d'un adjectif portant le préfixe « *a* ».

- A life **abroad**.

50. Les adjectifs substantivés

On parle d'adjectif substantivé quand on emploie un adjectif comme si c'était un nom. Il en existe deux grandes catégories :

- Les adjectifs qui représentent une donnée abstraite.

  - The beautiful.

Ces catégories de noms sont singuliers et sont précédés de l'article défini « *the* ». Voir note grammaticale 1.9.

- Les adjectifs qui représentent une classe de personnes ou de choses.

  - The poor, the Italians.

Ces noms sont pluriels et sont précédés de l'article défini « *the* ».

(L'adjectif ne prend pas non plus de « *s* » final lorsqu'il est substantivé, sauf pour les adjectifs de couleurs et de nationalités.)

51. **Certains noms peuvent être utilisés comme des adjectifs. Dans ce cas, même si le nom utilisé comme adjectif a un sens pluriel, sa forme restera le singulier.**

Par exemple, pour dire « un gâteau aux cerise**s** « (bien évidemment avec plusieurs cerises dans le gâteau), l'anglais écrira « *a cherry cake* ».

52. **Font exception à cette règle les noms suivants utilisés comme adjectifs : « *sports* », « *clothes* », « *customs* », « *goods* ».**

- a sports journal, a customs regulation.

COMPARATIF ET SUPERLATIF

53. **Il existe trois formes de comparatifs et superlatifs. Ils peuvent indiquer :**

- La supériorité ;
- L'égalité ;
- L'infériorité.

Comment se forment **le comparatif** et **le superlatif de supériorité** ?

Tout dépend de la nature de l'adjectif. On distingue les adjectifs dits « courts » des adjectifs « longs » :

• **L'adjectif est court** (c'est le cas des adjectifs composés d'une syllabe et des adjectifs de deux syllabes, tout particulièrement ceux qui se terminent en « *y* »).

Dans ce cas, le comparatif se forme selon le schéma : **adjectif + « *er* » + « *than* »**.

- John is **taller than** Peter.
- John is **happier than** Peter. (Notez que le « y » devient « i »).

Le superlatif se forme sur le schéma : **« *the* » + adjectif + « *est* »**.

- John has three brothers. He is **the tallest** and **the happiest**.

• **L'adjectif est long** (c'est le cas de la majorité des adjectifs de deux syllabes et ceux de plus de deux syllabes).

Dans ce cas, le comparatif se forme selon le schéma : **« *more* » + adjectif + « *than* »**.

- John is **more intelligent** and **more faithful** than Peter.

Le superlatif : « *the most* » + adjectif.

- They have three children. John is by far **the most intelligent** and **the most faithful**.

54. Attention à ne pas confondre « *the latter* », « *the last* », « last » et « *latest* ».

- I met John and Paul. The latter was sick.
- the latest news (the most recent).
- last week.
- the last night bus.

55. Attention à ne pas confondre « *nearest* » qui fait référence au voisinage immédiat et « *next* » qui indique « le suivant » dans une succession.

- What is the nearest subway station, please? (la station la plus proche).
- What is the next step? (la prochaine étape).

56. Le comparatif d'égalité se forme selon le schéma : « *as* » + adjectif + « *as* » à la forme affirmative.

- He is as intelligent as his brother.

et « ***not so*** » **+ adjectif + « as »** ou « ***not as*** » **+ adjectif +** « ***as*** » à la forme négative.

- He is not as intelligent as his brother.

57. Le comparatif d'infériorité se construit selon le schéma : « *less* » + adjectif + « *than* ».

- He is less intelligent than his brother.

• Le superlatif d'infériorité se construit selon le schéma : « ***the least*** » **+ adjectif**.

- This is the least important thing.

• On emploie « ***fewer... than*** » avec les noms dénombrables.

- There are fewer students than last year.

• On emploie « ***less... than*** » avec les indénombrables.

- He eats less meat than fish.

58. Quels sont les principaux comparatifs et superlatifs irréguliers à connaître ?

Adjectif	Comparatif	Superlatif
bad	*worse*	*worst*
good	*better*	*best*
much/many	*more*	*most*
little	*less*	*least*
old	*older/elder*	*oldest/eldest*[1]
far	*farther* (distance) ou *further* (sens figuré)	*farthest* ou *furthest* (sens figuré)[2]

59. Lorsqu'on utilise un superlatif pour comparer deux éléments, le superlatif se construit comme un comparatif.

- « *the* » + adjectif court + « *er* »
- « *the more* » + adjectif long
  - Peter is **the elder** of their two sons and also **the eldest** of their four children.

60. Quelques expressions utilisant un comparatif et/ou un superlatif à retenir.

- de plus en plus : **adjectif court + « *er* » « *and* » adjectif court + « *er* »**, ou **« *more and more* » + adjectif long**
  - Unemployment is becoming more and more serious.
- de moins en moins : **« *less and less* » + adjectif**, ou **« *fewer and fewer* » + adjectif**
  - He is less and less motivated.
- d'autant plus que : **« *all the more* » + adjectif long « *as/since* »**, ou **« *all the* » + adjectif court + « *er* » « *as/since* »**
  - He is all the more worried as his teachers this year are very strict.
- beaucoup plus : **« *far/by far* + comparatif »**
  - The situation is far more serious than you think.
- beaucoup moins : **« *far less* » « *much less* »**
  - The situation is much less serious than you think.

1 Dans le cas général, on emploiera « *older* » et « *oldest* ». Toutefois, quand on parle des membres d'une même famille, on emploiera « *elder* » et « *eldest* » : *Mary is **older** than Jo* ; *There are three boys in our family, Jim is the **eldest**.*

2 *I think we've already answered the lawyer and I refuse to go any **further**.*

- (tout) aussi… que : « ***as*** »… « ***as*** »
  - The situation is quite as serious as we first thought.
- deux fois plus que :… « ***twice as*** »… « ***as*** »
  - The situation is twice as serious as we first thought.
- jusqu'à : « ***as much/many*** » « ***as*** »
  - He has as many difficult teachers this year as he had last year.

L'ADVERBE

61. Les adverbes apportent en général des précisions sur l'action décrite par le verbe : la manière, la fréquence, le lieu, le temps, etc.

- He car came slowly down the street = la voiture descendit la rue lentement (manière)
- He was very worried = il était très ennuyé (intensité)

Où l'adverbe se positionne-t-il dans la phrase ?

Hormis la règle qui consiste à ne jamais séparer le verbe de son complément direct, il n'y a pas d'obligation particulière concernant le positionnement de l'adverbe dans la phrase : tout est question de fluidité de lecture. Ceci étant, on peut dégager un certain nombre de règles qui dépendent de la nature même de l'adverbe.

62. Les adverbes de temps imprécis et les adverbes de fréquence (« *often* », « *ever* », « *never* », « *always* », « *still* », « *frequently* »,…) se placent :

- avant le verbe si ce dernier est conjugué à un temps simple.
  - She **always** complains.
- entre l'auxiliaire et le verbe s'il est conjugué à un temps composé.
  - She has **never** complained.
- avant le verbe à l'impératif ou utilisé dans une réponse elliptique.
  - Has she ever complained? Yes, she **often** has.
- après le verbe *to be*.
  - She is **often** unsatisfied.

63. Les adverbes de temps « précis » (« *today* », « *tomorrow* »...) et les adverbes de lieu (« *outside* »,...) se placent généralement à la fin de la proposition.

- I will come and see him **tomorrow**.

64. Les adverbes de manière (« *slowly* », « *carefully* », « *willingly* », « *quietly* ») se placent généralement après le verbe.

- He writes **carefully**.

65. Cas particuliers

Positionnement des adverbes dans la phrase pour : « *enough* », « *too much* », « *very much* », « *well* », « *bad* », « *also* », « *too* », « *as well* ».

1. « *Enough* », « *too* », « *too much* », « *as well* » modifiant le sens d'un verbe ou d'un adjectif se placent après le mot dont ils modifient le sens :

- They haven't slept **enough**.

2. « *Very much* », « *well* », « *badly* » se placent en fin de proposition (sauf dans les cas où cette dernière est trop longue) :

- I don't appreciate his attitude **very much**.

3. « *Also* » se place devant le verbe ou entre l'auxiliaire et le verbe à un temps composé :

- He **also** plays tennis very well (mais « he plays tennis very well **too** »).

MUCH, MANY, LITTLE ET *FEW*

66. Quand faut-il employer « *much* » et « *many* » ?

- « ***Much*** » s'emploie avec un nom singulier et avec les indénombrables, « ***many*** » avec un nom pluriel.
- « ***Much*** » et « ***many*** » sont fréquemment utilisés dans les questions ou dans les phrases négatives.
- Dans les phrases affirmatives, plutôt informelles, on aura tendance à utiliser « *a lot (of)* », + singulier ou pluriel.

En revanche :

- « *a great deal of* » est suivi d'un singulier ou d'un indénombrable.
- « *a large number of* » est suivi d'un pluriel.
- « *lots of* » est suivi d'un pluriel ou d'un indénombrable.

- Do you have much trouble with English?
- I don't have much trouble speaking, but I have a great deal of trouble writing.
- Lots of people / a large number of people complain.

67. Quand faut-il employer « *little* » et « *few* » ?

« **(a) little** » s'emploie avec des singuliers et les indénombrables, « *(a) few* » avec des pluriels.

« **little** » et « ***few*** » (sans article) ont une connotation plutôt négative : il sont synonymes de « *not much* », « *not many* ».

- They have very little money : ils ont très peu d'argent.

« ***a little*** » et « ***a few*** » sont plus positifs : leur sens s'apparente davantage à celui de « *some* ».

- This plant only needs a little water every day.

LE PRÉSENT

68. Le présent simple sert schématiquement dans les deux principaux cas suivants :

1. Pour les déclarations à caractère général ou l'énonciation de « vérités permanentes ».

- In God we trust.

2. Pour les actions qui présentent un caractère habituel ou fréquent.

- She drives carefully.

69. Le présent progressif s'emploie :

1. Pour les actions en cours de déroulement.

- The children are watching TV.

2. Pour les descriptions.

- She is wearing a nice shirt.

3. Pour exprimer le futur (proche).

- He is coming.

4. Pour les actions qui s'inscrivent dans la durée.

- She is always complaining.

70. **Attention, les formes progressives sont très rares avec les verbes indiquant :**

• L'apparence : *to seem.*

• Les sentiments : *to like.*

• L'opinion : *to agree.*

• La possession : *to belong.*

• La volonté : *to want.*

• La perception quand elle présente un caractère involontaire : *to see.*

• Toute une série de verbes : *to remind, to remember, to recall, to keep, to matter, to forget, to consist,...*

LE *PRESENT PERFECT* ET LE PRÉTÉRIT

71. **Le *present perfect***

Il est par excellence le temps à cheval entre le passé et le présent. Il s'emploie dans les cas suivants :

1. Pour relater une action passée qui se poursuit ou bien qui a des répercussions dans le présent.

- I need to return many phone calls as I **have been** sick for one week.

2. Pour faire un bilan provisoire.

- The government policy against drugs **has not been** successful yet.

3. Pour faire le constat d'une action sans insister sur les modalités de son déroulement, mais en mettant l'accent sur le lien entre le passé et le présent.

- I **have seen** him somewhere.

4. Pour les actions répétées.

- He **has taken** the test several times.

72. **Le prétérit**

Il s'utilise essentiellement pour les actions définitivement achevées.

C'est par excellence un temps d'opposition qui marque un net décalage avec le présent.

- In 2000, the proportion of the American population without health insurance **was** 15%.

Les marques d'une action achevée sont en particulier :

• Les adverbes du style : *yesterday, last week, ago, since*.

• Un complément de temps (date, heure, année) : *He **went** to Dallas in December 2003*.

• Une proposition de temps portant sur un fait passé (introduite par *when*, *as*,...) : *He **met** her when he **was** in Dallas*.

• Le contexte.

73. Une attention particulière devra être apportée au choix entre le prétérit et le *present perfect*. En présence des adverbes ou des compléments de temps qui accompagnent généralement le present perfect (*today, this week*), l'importance du sens que l'on veut donner à la phrase est alors plus que jamais primordial.

Avant de choisir le temps, il faut systématiquement se poser la question « l'espace temps est-il ou non révolu ? »

• Si oui : prétérit.

- From a social point of view, this year was catastrophic (l'année est terminée).

• Si non : *present perfect*.

- From a social point of view, this year has been catastrophic (l'année n'est pas terminée).

74. Comparer les phrases suivantes :

- Have you ever met him? (sinon, je vais vous le présenter).
- Did you ever meet him? (sous-entendu qu'il n'est plus possible de le voir maintenant : la personne en question a quitté le pays, est morte,...).

75. L'expression de l'habitude dans le passé

Dans le cas d'une action passée, révolue, la marque de l'habitude peut se faire en employant le prétérit simple (souvent accompagné de *always* ou *never*). Le prétérit a alors la même valeur que *used to* et *would*.

- I always went on vacation in Spain = I would go on vacation in Spain = I used to go on vacation in Spain.

Attention à ne pas confondre « ***used to*** » et « ***to be used to*** » :

76. « *used to* »

Marque la répétition, la fréquence d'une action dans le passé mais également une opposition très nette entre le passé et le présent ;

l'action décrite était habituelle dans le passé mais elle n'a plus cours aujourd'hui.

- When I was younger, I **used to** swim every week.

77. « ***to be used to*** » **+ V-*ing***

Indique la notion d'habitude dans le présent ou dans le passé :

- I am not **used to doing** such things : je n'ai pas l'habitude de faire ce genre de choses.
- I was not **used to doing** such things : je n'avais pas l'habitude de faire ce genre de choses.

78. « ***to be accustomed to*** » **+ V-*ing***

- I am not **accustomed to doing** such things : je n'ai pas l'habitude de faire ce genre de choses.
- I was not **accustomed to doing** such things : je n'avais pas l'habitude de faire ce genre de choses.

79. **Si le prétérit simple présente une action en indiquant qu'elle a eu lieu à un moment passé, le prétérit progressif apporte une précision supplémentaire en indiquant que cette action a duré un certain temps, qu'elle était « en train de » se dérouler à un moment du passé.**

• Prétérit simple = Action terminée + Espace temps révolu + **Aspect ponctuel**.

• Prétérit progressif = Action terminée + Espace temps révolu + **Action envisagée sous l'angle de son déroulement**.

- She was reading a magazine when her husband knocked at the door.

L'action était toujours en cours au moment du passé que l'on considère.

80. **La notion de durée dans la phrase ne doit toutefois pas dicter l'emploi systématique du prétérit simple ou du prétérit progressif.**

- Between 1845 and 1851, about one and a half million Irish people **died** of starvation as a result of the failure of the potato crop.

L'emploi du prétérit simple se justifie par le fait que l'action est passée, définitivement terminée au moment où l'on parle ; même si l'hécatombe s'est étalée sur six ans, la durée de chaque disparition n'a pas été progressive…

81. Action récente située entre le passé et le présent

Contrairement au prétérit utilisé pour marquer une nette opposition entre le passé et le présent, on utilisera le *present perfect* pour des actions de passé récent (« un pied dans le présent »).

On insiste parfois sur ce fait en employant l'adverbe « *just* ». Le passé récent est souvent rendu en français par « *venir de* ».

- I **have just written** a few letters.

82. *For* et *Since*

« *for* » et « *since* » marquent traditionnellement la durée d'une action.

- « *for* » l'envisage sous l'angle de la durée :
  - I have been waiting **for** three hours (l'attente a duré trois heures).
- « *since* » s'intéresse au point de départ de l'action :
  - I have been waiting since noon (point de départ : midi).

Dans les deux cas, on emploiera un *present perfect* (simple ou progressif).

83. Cela ne signifie pas que « *for* » et « *since* » ne peuvent pas s'employer avec un verbe conjugué à un autre temps, en particulier un prétérit.

« *for* », quand il exprime la durée d'une action, mais cette fois dans un espace temps révolu, s'accompagnera d'un prétérit. On le traduit alors par « pendant ».

- Yesterday, she **waited** here **for** three hours (**pendant** trois heures).

84. Attention, dans certains cas, le temps du verbe peut complètement changer le sens d'une phrase.

Comparez par exemple les deux phrases suivantes :

- Teachers demonstrated for ten days in front of the Department of Education : l'emploi d'un prétérit indique que l'action est terminée. « for ten days » signifie donc ici « pendant dix jours ».

En revanche :

- Teachers have been demonstrating for ten days in front of the Department of Education.

Le *present perfect* progressif indique que l'action n'est pas terminée au moment où l'on parle (ou qu'elle a des répercussions sur la situation présente) : « *for ten days* » se traduira alors par « depuis dix jours ».

85. **De même « *since* » sera accompagné d'un verbe au prétérit quand le fait relaté est définitivement passé.**

- It has been two years since they last came.

L'action (leur visite) est terminée.

86. **Ou encore quand « *since* » signifie « puisque »**

- Since my boss **resigned**, I'll have to do his job until his successor is on board.

87. **Dates imprécises**

Alors que le français dispose de trois façons différentes pour exprimer une situation associée à une date imprécise :

1. Cela fait deux ans qu'il travaille à Liverpool ;

2. Il travaille à Liverpool depuis deux ans ;

3. Il y a deux ans qu'il travaille à Liverpool.

L'anglais n'en dispose que d'une :

- He **has been working** in Liverpool **for** two years.

88. **Dates précises**

Quand il s'agit d'une date précise, il n'existe qu'une possibilité dans les deux langues :

- Il travaille à Liverpool depuis 2001 : He **has been working** in Liverpool **since** 2001.

89. **Pièges classiques**

Méfiez-vous et ne confondez pas :

• Les verbes français intransitifs – **exprimant une action** – conjugués avec « être ».

- Her father died in 1985.
- It has been thirty years since her father died.

• Les expressions correspondantes – **qui indiquent l'état** – elles aussi conjugués avec « être » en français.

- He has been dead for thirty years.

90. **« *ago* »**

« *ago* » implique nécessairement l'emploi d'un verbe au prétérit. Il exprime la durée écoulée depuis la fin d'une action :

- I **went** to Boston three months **ago**.

91. **Le *present perfect* est employé à la forme « simple » dès lors que l'action a un aspect ponctuel.**

- I have seen her somewhere.

Il présentera une forme « progressive » (« *have been + ing* ») si l'action a un aspect duratif et que l'on souhaite insister sur ce dernier :

- I have been waiting for two hours!

92. **Les verbes suivants s'emploient plus fréquemment à la forme progressive qu'à la forme simple : *to stand, to watch, to stay, to lie, to sit,...***

- He's standing in line now.

93. **Le *present perfect* progressif présente parfois un aspect imperfectif (c'est-à-dire que l'action n'est pas terminée).**

Par exemple :

- He **has been reading** the letters.

L'action n'est pas encore terminée ; il a commencé à lire quelques lettres mais il en reste d'autres. On emploie le present perfect progressif.

- He **has read** the letters.

L'action est terminée mais on s'y intéresse pour ses conséquences dans le présent. On emploie le *present perfect* simple.

LE *PAST PERFECT* SIMPLE ET PROGRESSIF

94. **Le passé en anglais peut avoir la forme d'un passé « récent » qui se différencie d'un passé plus ancien qui lui est « antérieur » et qui s'appelle *past perfect*.**

- My mother had talked to Karen before we met at the station.

Les deux actions traduites par les verbes « *had talked* » et « *met* » appartiennent toutes les deux au registre du passé. Toutefois, ma mère avait parlé à Karen avant que je ne la rencontre : le fait est antérieur, d'où l'emploi du *past perfect*.

95. **Le *past perfect* se construit avec « *had* » + participe passé du verbe.**

96. **Si l'action présente un caractère progressif, on aura recours au *past perfect* progressif qui se construit avec « *had been* » + forme en « *ing* ».**

- It had been raining for one hour when the bus eventually arrived.

La pluie avait commencé à tomber dans un passé antérieur à l'arrivée du bus. D'autre part quand le bus est arrivé, il continuait à pleuvoir. L'arrivée du bus est considérée comme l'événement passé de référence par rapport auquel se situe l'action décrite par le *past perfect*.

97. **L'emploi du prétérit progressif aurait un sens sensiblement différent.**

- It **was raining** when the bus arrived.

Dans cet exemple, on fait une simple constatation d'une action (le fait de pleuvoir) qui a duré (aspect progressif) dans un cadre précisé (arrivée du bus).

LE FUTUR

Le **futur anglais** est un temps « pluri-forme », c'est-à-dire qu'une action future peut s'exprimer de différentes manières.

98. **Le futur d'intention**

Il exprime le choix du sujet.

- The young Ronald has made up his mind; he will become an actor.

Le futur d'intention s'exprimera par « *will* » à toutes les personnes.

99. Le futur d'obligation

Il suppose la présence d'une contrainte externe.

- Ronald's parents have made their decision; he shall become a politician.

Le futur d'obligation s'exprimera par « *shall* » à toutes les personnes même si on a toutefois de plus en plus tendance à utiliser « *will* ».

100. Le futur simple

• Idée même de futur, sans nuance de volonté ou d'influence extérieure

- He has passed his exam; therefore he will become a dentist.

En théorie, on emploiera « *shall* » aux premières personnes (singulier et pluriel), « *will* » aux autres. Dans les faits, on a tendance à utiliser systématiquement « *will* ».

• S'il existe la moindre confusion entre « *will* » futur d'intention et « *will* » futur simple, on utilisera la forme progressive pour exprimer l'idée d'une simple action à venir.

- She **won't be going** to the party (elle n'en a pas l'intention).
- She **won't go** to the party (elle refuse).

101. On ne peut pas utiliser le futur dans les subordonnées temporelles introduites par « *when* », « *while* », « *once* », « *as soon as* », « *as long as* »,...

- He will call <u>once</u> he **has finished** his work.

Les temps suivants pourront alors être utilisés :

Temps anglais	Temps français
Present	Futur
Present perfect	Futur antérieur
Prétérit	Conditionnel présent
Past perfect	Conditionnel passé

- <u>When</u> you **have completed** the form, you can give it to the clerk.

102. De même, on emploiera le présent après les conjonctions : « *if* », « *unless* », ou encore « *in case* », dès lors que l'on veut insister sur une condition future.

- If he comes tomorrow, give him the money.

103. La présence de « *will* » avec « *when* » est toutefois possible dans les cas suivants :

- Quand « *when* » est adverbe interrogatif.
  - <u>When</u> **will** she sign the contract?

Le passage à la forme indirecte ne change rien :

  - I don't know when she **will** sign the contract.

- Quand « *when* » est pronom relatif (où, le moment où,...).
  - There will come a day <u>when</u> all our problems will disappear.

104. « *to be* »

Marque :

- Un accord, une action prévue à l'avance
  - He is to be in Paris next week : il sera à Paris la semaine prochaine (sous-entendu : tout est prévu, arrangé, pour qu'il soit à Paris la semaine prochaine).
- Un ordre
  - You are to do that at once.

LE CONDITIONNEL

105. La formation du conditionnel

• Le conditionnel présent se forme avec « *would* » à toutes les personnes : *would* + infinitif sans *to.*

  - They would come if they did not have so much work.

Dans la langue soignée, on pourra parfois utiliser *should* à la place de *would* à la première personne.

  - I should be disappointed if he refused our proposal.

• Le conditionnel passé se forme avec *would* + participe passé.

  - If he had known that before, he would surely have resigned at once.
  - Would it have been better if he had stayed on in his old job?

• « *Could* », « *might* », « *ought to* » peuvent également être utilisés avec un sens conditionnel.

  - Since he knew I was ill, he could have called me.

106. Le conditionnel s'emploie dans deux grands cas de figure :

• Dans la proposition principale qui accompagne une subordonnée où figure une condition ou une supposition :

- If food prices were cut, it would be catastrophic for Third World countries.

• Une énonciation ou une interrogation polie :

- Would you mind my opening the window?

107. Au discours indirect et du simple fait de la concordance des temps :

• Si l'on se place par rapport à un référentiel au présent, une action à venir est exprimée par un futur.

- She says she will go to the United States for Christmas.

• Si l'on se place par rapport à un référentiel au passé, une action à venir est exprimée par un conditionnel (on parle alors de futur dans le passé).

- She said she would go to the United States for Christmas.

108. Would peut exprimer autre chose qu'un conditionnel.

• « *would* » peut avoir valeur de prétérit fréquentatif, il est alors synonyme de « *used to* ».

- Every winter, they would go to Boston (habitude dans le passé).

• « *would* » peut exprimer le potentiel après « *wish* ».

- I wish you would come and have dinner with us some time.

LE SUBJONCTIF

Le subjonctif présent se forme sur le modèle de l'infinitif présent sans « *to* » et sans « *s* » à la troisième personne.

109. On emploie le subjonctif présent dans les expressions marquant un souhait.

- God save the Queen.

110. **On emploie également le subjonctif présent dans la langue soignée parallèlement à une construction avec « *should* » pour exprimer un ordre, une suggestion, une nécessité.**

- The EEC demanded that the government should reduce its deficit.

En anglais américain on n'emploie quasiment jamais *should* ; on dira donc :

- The EEC demanded that the government ~~should~~ reduce its deficit.

111. **« *Should* » s'emploiera dans les cas suivants :**

1. Les hypothèses peu vraisemblables : après « *if* » ou « *suppose* ».

- Should anyone ask for me, don't say anything.

2. L'idée de crainte : après « *in case* », « *for fear* », « *lest* ».

- In case my mother should insist, put me through.

3. Avec une inversion en tête de phrase pour exprimer une hypothèse.

- Should the situation happen again, don't intervene.

Le subjonctif (avec ou sans « *should* ») s'emploiera dans les cas suivants :

4. La suggestion : après « *to propose* », « *to suggest* ».

- She suggested that we (should) come with her.

5. La nécessité : après « *it is important* », « *it is necessary* », « *it is crucial* » ou des verbes comme « *to require* ».

- The Registrar requires that students (should) be present the first day of class.

6. L'ordre : après « *to urge* », « *to order* ».

- He ordered that all party property (should) be confiscated.

7. Le conseil : après « *to advise* ».

- Doctors advised that he (should) be transferred to a bigger hospital.

112. **Pour exprimer un objectif, un but à atteindre on utilisera « *so that* » dans le sens « pour que », « afin que ».**

- I will leave him my dictionary so that he can do his homework.

113. Attention toutefois à ne pas confondre avec « *so... that* » qui indique la conséquence (et se traduirait en français par « si bien que »).

- I eventually agreed to go shopping, so that my wife smiled.

Notez bien l'indicatif « smil<u>ed</u> ».

114. Le subjonctif peut exprimer une invocation.

- May God help us!

115. La notion de subjonctif sert parfois à traduire l'improbabilité d'une action ; dans ce cas, la phrase emploiera l'un des composés de « ever ».

- Whatever may happen, the boss will not resign.

116. Les pièges du subjonctif

L'emploi du subjonctif en anglais est très différent du français. En d'autres termes, le subjonctif français peut parfaitement se traduire par une autre forme en anglais.

- <u>Par un indicatif</u>

Les verbes d'opinion (comme « *to believe* » ou « *to think* ») quand ils sont à la forme négative, ne sont pas suivis du subjonctif en anglais – alors qu'ils le sont en français.

- They don't think he **lies**.

Après « *unless* », « *till* », « *until* », « *though* », « *although* ».

- Though she **is** pregnant, she swims every morning.

- <u>Par une construction infinitive</u>

Après « *for* » quand il introduit une proposition indiquant un but.

- She was waiting for his daughter **to apologize**.

Après les verbes qui induisent la notion de volonté, de préférence ou d'ordre (« *like* », « *dislike* », « *urge* », « *order* », « *wish* », « *want* »,...).

- I would like you **to work** harder.

- <u>Par une forme en « *ing* »</u>

Dans le cas des subordonnées introduites par une préposition.

- They insisted on our being there all week.

Avec certains verbes.

- I mind your being so rude.

- Par un impératif avec « *let* »

  - Let the children clean the kitchen.

PRÉTÉRIT MODAL ET *PAST PERFECT* MODAL

117. Le prétérit modal, malgré son nom, n'exprime pas un passé mais diverses notions telles que la supposition, le souhait, le regret ou encore la préférence. Il se construit comme le prétérit sauf pour « *to be* » qui prend la forme « *were* » à toutes les personnes.

- could eat.

Le ***past perfect* modal** se construit comme le *present perfect*.

- could have eaten.

118. Le prétérit modal après « *if* », « as if », « *as though* », et des expressions de même sens

Après « *if* », « *as if* », « *as though* », le prétérit modal s'emploie pour décrire des situations non réalisées dans le présent (on parle d'irréel de présent).

- He behaves as if he were the boss.

Le *past perfect* modal exprime quand à lui qu'une action n'a pu être réalisée dans le passé. On parle d'irréel du passé.

- If he had been there, he would have told you what to do.

119. L'expression du regret avec « *wish* »

On utilise le prétérit modal ou le *past perfect* modal après le verbe *to wish* pour exprimer le regret.

- Irréel du présent.
  - I wish he **were** here with us (regret dans le présent).
- Irréel du passé.
  - I wish I **hadn't bought** this dictionary (regret dans le passé).

Dans le cas de l'irréel dans le passé, il est clair que l'action n'a pas eu lieu. Pour ce qui est de l'irréel du présent, l'action n'est pas réalisée, est irréalisable ou en tout cas fortement improbable.

Les souhaits encore réalisables s'expriment de deux façons :

- I wish he **would** answer my letter at once.
- I wish he **could** understand my reasons for refusing.

120. Après « *I would rather* »

On emploie le prétérit modal si l'action n'appartient pas au passé : « *would rather* » + complément + prétérit modal.

- I would rather people didn't know about it : Je préférerais que les gens n'en sachent rien.

On fait référence ici à la notion de souhait et à celle de potentialité.

Notez que la notion de préférence peut aussi s'exprimer avec la structure « *would rather* » (ou parfois « *would sooner* ») + infinitif complet :

- I would rather go to the restaurant than stay at home all day : Je préférerais aller au restaurant plutôt que rester au restaurant toute la journée.

De la même façon, le prétérit modal peut véhiculer l'idée de futur, toujours associé à la notion de souhait :

- I would rather he came tomorrow : Je préférerais qu'il vienne demain.

121. Parallèlement, on emploie le *past perfect* modal si l'action se situe dans une perspective passée.

- I would rather he hadn't come : J'aurais préféré qu'il ne soit pas venu (mais c'est trop tard : il est quand même venu).

122. On emploie un prétérit modal après « *it is (high/about) time* » pour décrire une action à réaliser dans un avenir proche.

- It is high time that this supposedly anti-inflationary government adopted drastic measures to reduce price rises.

LES AUXILIAIRES MODAUX

123. Les auxiliaires modaux au présent sont essentiellement au nombre de trois : « *must* », « can » et « *may* ». On les appelle aussi parfois « défectifs » parce que certains temps leur font défaut.

Les auxiliaires modaux ont sept caractéristiques communes :

1. Ils ne connaissent pas de forme infinitive.

2. Ils n'ont pas de forme future avec « *will* ».

3. Ils ne prennent pas la marque du « *s* » à la troisième personne du singulier de l'indicatif présent.

4. Le verbe qui les suit est à l'infinitif sans « *to* ».

5. Ils n'utilisent pas « *do* » ou « *don't* » aux formes négatives et interrogatives.

6. Ils n'ont pas de participe présent.

7. Ils n'ont pas de participe passé.

124. « *can* » et « *could* »

Ils ont des sens différents selon qu'ils sont employés à la forme affirmative, interrogative ou négative.

- **À la forme affirmative**, « *can* » sert à exprimer :

a. La possibilité physique ou intellectuelle

- I can swim for hours.

b. La permission

- I can go out tonight.

- **À la forme interrogative ou à la forme interro-négative**, « *could* » est une forme polie (plus polie que « *can* » qui peut tout aussi bien être employé) pour faire une demande :

- Could you give me your book, please?

- **À la forme négative :**

a. « *can't* » a valeur de contraire de « *must* » dans son sens de quasi-certitude ; il marque l'impossibilité :

- He can't have lied to you.

b. « *can't* » peut aussi signifier l'interdiction ; il est alors synonyme de « *mustn't* » :

- You can't smoke in that restaurant (ou encore : You mustn't smoke in that restaurant).

c. « *couldn't* » indique quand à lui qu'une action n'a pu être menée à bien :

- I couldn't talk to him directly.

125. « *may* » et « *might* »

Ils s'emploient pour traduire :

1. La permission

- May I take your book?

2. L'éventualité

- It might rain today.

126. « *must* »

Il sert à marquer :

1. Une forte obligation venant de l'extérieur.

- He must pass this exam if he wants to work for the Ministry of Defense.

2. Une quasi-certitude ou une très forte probabilité.

- He must be totally upset.

127. Attention à ne pas confondre « *mustn't* » et « *don't have to* »

1. « ***mustn't*** » indique l'interdiction.

- You mustn't take this book : tu ne dois pas prendre ce livre (interdiction).

2. « ***don't have to*** » a un sens moins fort et indique le conseil mais il n'y a pas d'interdiction.

- You don't have to take this book : tu n'as pas besoin de prendre ce livre.

128. « *need* »

Il est considéré comme un semi-défectif, c'est-à-dire qu'il s'emploie à la fois comme un verbe ordinaire ou comme un défectif.

1. À la forme affirmative, « *need* » s'emploie comme un verbe ordinaire.

- I need you to go and tell them the truth.

2. Aux formes négatives et interrogatives, « *need* » s'emploie comme auxiliaire de modalité.

- You needn't run; we have plenty of time.

Dans ce dernier cas, need aurait très bien pu s'employer comme verbe ordinaire :

- You don't need to run.

Il y a toutefois une légère nuance de sens entre les deux phrases :

Dans *You needn't run*, le locuteur s'implique, il donne son avis.

Dans *You don't need to run*, la construction est plus impersonnelle, plus objective.

Notez la construction « *need* » (ou « *want* ») + V-*ing* pour traduire le français « avoir besoin de » :

- The car needs washing : la voiture a besoin d'être nettoyée.

129. Y a-t-il une différence entre « *didn't need to* » et « *needn't have* + participe passé » ?

Oui, si les deux formules indiquent toutes deux l'absence d'obligation, « *didn't need to* » (« *need* » employé comme verbe ordinaire) fait référence à une action qui n'a pas eu lieu, tandis que « *needn't have to* + participe passé » (« *need* » employé comme défectif) indique qu'elle a eu lieu.

- You didn't need to come : il n'a pas été nécessaire que vous veniez (en l'occurrence vous n'êtes effectivement pas venu).
- You needn't have come : il n'était pas nécessaire que vous veniez (sous entendu : vous n'étiez pas obligé de venir, mais vous l'avez quand même fait).

Dans cette dernière phrase, « *needn't* » + participe passé marque le caractère superflu d'une action qui s'est bel est bien produite.

130. « *dare* » est également considéré comme un semi-défectif, et s'emploiera selon les cas comme un verbe ordinaire ou comme un défectif.

1. À la forme affirmative, comme verbe ordinaire :

- He dares to lie and tell his mother he did not.

2. Aux formes négatives, interrogatives ou exclamatives, comme défectif :

- How dare he talk to you like this!

LE STYLE INDIRECT

131. Quels sont les principaux changements de temps qui doivent s'opérer au style indirect ?

Pas de changement de temps si le verbe qui introduit la phrase est au présent, au futur ou au *present perfect* : le temps du verbe de la subordonnée est le même au style direct et au style indirect.

- He says, « I **am** exhausted »

devient au style indirect :

- He says he **is** exhausted.

Si le verbe qui introduit la phrase est au prétérit, il faut parfois changer le temps du verbe dans la subordonnée.

- He told me, « My father **will** come soon ».

devient :

- He told me his father **would** come soon.

Les changements de temps s'opèrent selon le tableau ci-dessus :

Style direct	Style indirect
Present	Prétérit/Present
Futur	Conditionnel présent
Futur antérieur	Conditionnel passé
Present perfect	Past perfect
Prétérit	Past perfect/Prétérit
Past perfect	Past perfect
Conditionnel présent	Conditionnel présent/passé

Les verbes au prétérit dans une phrase au style direct peuvent ne pas subir de modification au style indirect si l'action est clairement précisée, ou datée.

- He said, « My father **died** in 1999 ».

devient :

- He said his father **died** in 1999.

132. Quelques modifications quand on passe du style direct au style indirect.

Attention, le passage du style direct au style indirect amène souvent à modifier les expressions qui font référence aux données temporelles.

- Tom said, « My train arrives <u>tomorrow morning</u> ».

Le lendemain, si elle rapporte les propos de Tom, Julie dira :

- « Tom said his train would arrive <u>this morning</u> ».

Le tableau ci-dessous reprend quelques exemples des transformations les plus fréquentes entre le style direct et le style indirect.

Style direct	Style indirect
Today	*That day*
Tonight	*That night*
Yesterday	*The day before*
The day before yesterday	*Two days before*
Tomorrow	*The next/following day*
Next year	*The next year*
Now	*Then*
Last year	*The previous year*
A year ago	*A year before*
A year/month/week ago	*A year/month/week before*
Here	*There*
Yes/no	*Tags*

LES TAGS

Le tag comporte deux éléments, un auxiliaire et un pronom. Le choix de ces derniers répond à des règles strictes.

133. Le choix du verbe

Les phrases où les verbes conjugués avec un auxiliaire reprennent cet auxiliaire dans les tags.

- She was furious, **wasn't** she?

Les verbes conjugués sont rappelés par un auxiliaire conjugué au temps de la principale.

- The children went to bed, **didn't** they?

Le verbe à utiliser dans les tags avec « *to have* » varie selon deux cas de figure.

a. si « *have* » est utilisé comme auxiliaire dans la phrase, il est repris dans le tag :

- We have seen that exhibit already, **haven't** we?

b. En revanche, s'il est utilisé comme verbe, il est repris par « *do* » :

- She had cereal for breakfast, **didn't** she?

La même distinction est à faire avec « *dare* » et « *need* » : ils sont repris tels quels dans les tags quand ils sont utilisés comme verbes défectifs ; ils sont repris par « *do* » quand ils sont utilisés comme simples verbes.

134. La forme du verbe (affirmative ou négative)

• Si la phrase principale est à la forme affirmative, le tag est interro-négatif.

- He ate a lot, didn't he?

• Si la phrase principale est à la forme négative (ou s'il comprend un simple élément négatif), le tag est interrogatif.

- He didn't eat very much, did he?

Attention à ce dernier point : certaines phrases peuvent contenir un verbe affirmatif mais être associé à des termes à valeur négative (« *nothing* », « *few* », « *little* », « *never* », « *hardly* », « *barely* », « *scarcely* »,...). Dans ce cas, le tag sera interrogatif :

- There is nothing else to eat, is there?

135. Le sujet du verbe

On reprend tout simplement le pronom associé au sujet.

- The children went to sleep, didn't **they**?

« *the children* » est la troisième personne du pluriel ; on forme donc le tag à partir du pronom personnel de la troisième personne du pluriel.

136. Quelques cas spécifiques à connaître.

• « *everybody* », « *everyone* », « *somebody* », « *someone* », « *anybody* », « *anyone* », « *nobody* »,... sont repris par « *they* ».

• « *one* » est repris par « *one* » ou « *he/she* »

• « *there* » est repris par « *there* ».

LES PRONOMS

137. Les pronoms personnels

Ont une forme différente selon qu'ils sont sujets ou compléments :

	Sujet	Complément
Singulier		
1re personne	*I*	*me*
2e personne	*you*	*you*
3e personne	*he/she/it*	*him/her/it*
Pluriel		
1re personne	*we*	*us*
2e personne	*you*	*you*
3e personne	*they*	*them*

138. Fonction Sujet ou Complément

• Le pronom personnel complément se place toujours après le verbe.

- He has told **him** the whole story.

• Il faut veiller à bien faire la distinction entre la fonction sujet et la fonction complément. Prenons les exemples suivants qui vont permettre de mieux comprendre cette différence :

- My brother likes Karen better than **I**.

Dans cette phrase, on est en présence du pronom personnel sujet « *I* ». La phrase signifie que mon frère aime Karen plus que je ne peux l'aimer moi ; en d'autres termes il s'agit de la même phrase que *My brother likes Karen better than I do (better than I like Karen).*

- My brother likes Karen better than **me**.

Il s'agit cette fois du pronom personnel complément « *me* » et la phrase a un sens complètement différent : mon frère aime Karen plus qu'il ne m'aime moi (en d'autres termes il la préfère à moi).

139. Les possessifs

	Adjectif	Pronom
Singulier		
1re personne	*my*	*mine*
2e personne	*your*	*yours*
3e personne	*his-her-its*	*his-hers-its*

	Adjectif	Pronom
Pluriel		
1re personne	*our*	*ours*
2e personne	*your*	*yours*
3e personne	*their*	*theirs*

140. Les possessifs s'accordent en genre et en nombre avec le possesseur – et jamais avec l'objet possédé.

- She has said nothing to **her** son nor to **her** parents.

141. Quelques constructions à connaître

- a friend of mine.
- a book of hers.
- a student of yours.

142. Pour décrire les parties du corps ou les vêtements, on emploiera l'adjectif possessif (et pas l'article défini « *the* »).

- He came in with **his** hat on **his** head : il est entré avec son chapeau sur la tête.
- She brushed **her** teeth : elle s'est brossé les dents.

143. Toutefois, si la personne décrite n'est pas sujet d'un verbe actif, on aura plutôt tendance à employer l'article défini « *the* ».

- The robber was shot through **the** head.

144. Les pronoms relatifs : quand employer « *that* », « *who* », « *which* », « *whom* », « *whose* » ?

Le choix du pronom relatif dépendra de la combinaison de trois types de critères :

- La fonction du pronom relatif dans la phrase (sujet, complément d'objet direct, complément d'objet indirect, complément du nom) ;
- La nature de la proposition relative (restrictive ou non restrictive) ;
- Et enfin la nature de l'antécédent (personne ou chose).

Qu'appelle-t-on « proposition relative restrictive » ?

Il s'agit d'une proposition qui restreint le sens de l'antécédent : la proposition apporte une précision qui limite le sens de ce dernier.

À l'inverse, une proposition est dite « non restrictive » quand la relative apporte une précision sur l'antécédent, mais quand cette dernière n'en restreint pas le sens. Dans ce cas le locuteur apporte une simple précision, il donne une information sur l'antécédent mais cette information n'est pas indispensable à la compréhension de la phrase.

Prenons un cas concret :

- The employees **who/that** disagreed decided to demonstrate : les employés mécontents (et pas les autres) décidèrent de manifester.

La proposition relative est dite restrictive, l'information introduite par la relative est absolument indispensable à la compréhension de la phrase.

- The employees, **who** disagreed, decided to demonstrate : les employés mécontents (ils l'étaient tous) décidèrent de manifester.

La proposition relative est ici non restrictive : elle apporte une précision sur l'antécédent « *employees* » en indiquant qu'ils sont mécontents mais n'en restreint en aucun cas le champ.

Attention : notez la présence ou l'absence de virgule dans les deux cas.

145. Le pronom relatif est Sujet

• L'antécédent est une personne et la relative est restrictive : « *that* » ou « *who* ».

- The woman **who (ou that)** wore a blue dress was her mother.

• L'antécédent est une personne et la relative est non restrictive : « *who* ».

- The pupils, **who** were so happy, decided to organize a party (tous étaient contents).

• L'antécédent est une chose (ou un animal) et la relative est restrictive : « *that* » ou « *which* ».

- The flowers **that/which** Mrs. Tingle gave me are beautiful (pas celles que quelqu'un d'autre m'a donné).

• L'antécédent est une chose (ou un animal) et la relative est non restrictive : « *which* ».

- The flowers, **which** come from Holland, are beautiful (elles viennent toutes de Hollande).

146. Le pronom relatif est Complément d'Objet Direct

L'antécédent est une personne et la relative est restrictive : « *that* » (qui peut être omis).

- My brother (**that/whom**) you saw last week is very ill. (J'ai plusieurs frères).

L'antécédent est une personne et la relative est non restrictive : « *whom* » (qui ne peut pas être omis).

- My brother, **whom** you saw last week, is very ill. (Je n'ai qu'un frère).

Dans la première phrase, il est clair que le locuteur a plusieurs frères. En l'occurrence on parle de celui que l'interlocuteur a rencontré la semaine dernière et par conséquent la proposition relative est indispensable.

Dans la deuxième phrase, le locuteur n'a qu'un frère ; le fait que l'interlocuteur l'ait vu la semaine dernière est un détail dont l'absence ne poserait pas de problème à la compréhension générale de la phrase. La proposition en apposition peut-être supprimée.

L'antécédent est une chose (ou un animal) et la relative est restrictive : « *that* » (qui peut être omis).

- The letters (**that**) you received on Monday – not the ones received yesterday – have already been answered.

L'antécédent est une chose (ou un animal) et la relative est non restrictive : « *which* » (qui ne peut pas être omis).

- The letters, **which** were received on Monday, have already been answered.

147. Le pronom relatif est Complément d'Objet Indirect

• L'antécédent est une personne et la relative est restrictive : « *that* » (qui peut être omis) et rejet de la préposition en fin de phrase.

- The man (**that/whom**) I was talking to a minute ago is my neighbour.

• L'antécédent est une personne et la relative est non restrictive : préposition + « *whom* ».

- The lady, **to whom** I gave my business card, is a famous journalist.

• L'antécédent est une chose (ou un animal) et la relative est restrictive : « *that* » (qui peut être omis) et rejet de la préposition en fin de phrase.

- This is precisely the animal (**that**) she is most afraid of!

• L'antécédent est une chose (ou un animal) et la relative est non restrictive : préposition + « *which* ».

- The document, **for which** they voted unanimously, was carefully distributed.

148. Le pronom relatif est Complément du Nom

• « *whose* » pour les personnes.

- The student **whose** travel card was stolen went to the police station.

- The student, **whose** name I can't remember, went to the police station.

• « *whose* » (ou « *of which* », plus rare) pour les animaux ou les choses.

- We threw away the chair **whose** legs were broken.

149. Les tableaux suivants récapitulent les pronoms à utiliser.

Cas n° 1 : Le pronom relatif introduit une proposition restrictive.

Genre/ Fonction	Sujet	COD	COI	CDN
Personnes	*who* ou *that*	(*that*) ou (*whom*)	(*that/whom*) + rejet de la préposition	*whose* suivi du nom sans article
Animaux et choses	*which* ou *that*	(*that*)	(*that*) + rejet de la préposition	*whose* (ou *of which*)

Cas n° 2 : Le pronom relatif introduit une proposition non restrictive.

Genre/ Fonction	Sujet	COD	COI	CDN
Personnes	*who*	*whom...,*	préposition + *whom...,*	*whose* suivi du nom sans article...,
Animaux et choses	*which*	*which...,*	préposition + *which...,*	*whose* (ou *of which*)...,

Quel relatif interrogatif faut-il employer ?

150. « qui » sujet = « *who* »

- **Who** is this student?

151. « qui » complément d'objet = « *whom* » ou « *who* » (seulement dans la langue parlée)

- **Whom** (ou *who*) did you talk to?

« *whom* » est obligatoire après une préposition. Si celle-ci est rejetée à la fin de la phrase, « *who* » est possible à l'oral :

- Of **whom** is the boss thinking?
- **Who** is the boss thinking of?

152. « à qui » = « *whose* »

- **Whose** pen is it?

153. « quel » sujet = « *what* »

- **What** is your method?

154. « lequel » ou « quel » avec choix limité = « *which* » qui s'emploie comme sujet ou comme complément

- **Which** TV show will you watch tonight?

Le nom qui suit « *which* » peut faire référence à une personne :

- **Which** of these actors do you like most?

155. « lequel » ou « quel » avec choix illimité = « *what* » qui s'emploie comme sujet ou comme complément

- **What** is your favorite novel?

SOME, ANY, NO

« *Some* », « *any* », « *no* » et leurs composés : « *someone* », « *somebody* », « *somewhere* », « *something* », *anyone* », « *anybody* », « *anywhere* », « *anything* », « *no one* », « *nobody* », « *nowhere* », « *nothing* ».

156. « *some* » et ses composés s'emploient dans les phrases affirmatives.

- I would like some tea, please.

157. « *any* » et ses composés s'emploient :

- Dans les phrases interrogatives.
  - Do you have any idea?
- Dans les phrases qui ont un sens négatif (le verbe étant à la forme négative).
  - I don't have any idea.

• À la forme affirmative dans le sens de n'importe lequel, n'importe qui, n'importe quoi, n'importe où.

- Ask anyone!

158. « *no* » et ses composés donnent un sens négatif à la phrase ; le verbe restera à la forme affirmative.

- Nobody called.

159. Si l'on s'attend à une réponse affirmative, on emploie « *some* » ou l'un de ses composés dans la question.

- Would you like some tea? On s'attend à une réponse positive : yes, please.

160. À l'inverse, si l'on s'attend plutôt à une réponse négative, on emploiera « *any* » ou l'un de ses composés.

- You don't want any tea? On s'attend à une réponse négative : no, thanks.

161. « *Whole* » ou « *All* » ?

• « ***Whole*** » s'emploie souvent associé à un dénombrable singulier.

- He stayed away the **whole** month of July.

• « ***All*** » s'emploie en général avec des indénombrables ou des noms au pluriel.

- I have spent **all** my money.
- I have met **all** my neighbors.

• Avec les noms de lieu, on aura de préférence recours à « *the whole of* », bien que « *all (of)* » soit également possible.

- The **whole** of Europe, **all (of)** Europe.

162. « *either* » ou « *neither* » ?

« *either* » : soit l'un, soit l'autre ; l'un ou l'autre ; n'importe lequel (l'un ou l'autre).

« *neither* » : ni l'un, ni l'autre ; aucun des deux.

- Those two books are good. You can take **either** one.
- **Neither** of them agrees with the boss (ni l'un, ni l'autre).

1. « *either* » et « *neither* » ne s'emploient qu'en présence de deux éléments. Lorsque l'on se trouve en présence de plus de deux éléments.

- « aucun » se traduira par « *no* » ou « *none* ».
  - There is **no** reason for them to worry.
  - **None** of us has said a word to him.
- « n'importe lequel » se traduira par « *any* ».
  - You can take **any** of these books.

2. « *either* » et « *neither* » s'emploient également pour introduire une alternative. Ils sont alors accompagnés de « *or* » ou « *nor* ».

- You must learn either English **or** French : soit… soit
- He can speak neither English **nor** French : ni… ni

3. L'accord après « *either* » et « *neither* ».

- Le plus souvent le verbe qui suit « *either* » ou « *neither* » est au singulier.
  - Neither of them **speaks** Spanish.
- De même quand deux sujets singuliers sont liés par « *or* », « *either... or* », « *nor* », « *neither... nor* », le verbe peut être soit singulier soit pluriel.
  - Neither Paul nor his father **agrees** (ou **agree**) with her.

Attention : si l'un des sujets est singulier et l'autre pluriel, le verbe s'accorde généralement avec le sujet le plus proche.

- Either the mother or the children **are** responsible for all that.

163. Les « structures parallèles »

Il est important d'utiliser les mêmes structures grammaticales quand on énonce des idées d'égale importance ou des notions qui sont mises sur le même plan. Pour prendre un exemple concret, on dira :

- He will get the job because he is clever and because he is the best.
  A B C D A B C D

Dans cette phrase, « *he is clever* » et « *he is the best* » sont mis sur le même plan. On respecte donc le même ordre grammatical pour la phrase : because + sujet + verbe + attribut.

À l'inverse, la phrase suivante n'est pas correcte grammaticalement :

- Accomodation in New York is more expensive than Dallas.
  x in y > z

On ne peut en effet comparer « *accommodation in New York* » et « *Dallas* ». Comme la comparaison porte sur « *accomodation in New York* » et « *accomodation in Dallas* », on dira :

- Accomodation in New York is more expensive than **that in** Dallas.
  x in y > x in z

L'ACCORD

164. Accord sujet-verbe : les sujets suivants sont singuliers.

anyone	*anybody*	*anything*
someone	*somebody*	*something*
everyone	*everybody*	*everything*
no one	*nobody*	*nothing*
each	*either*	*neither*
what	*whatever*	*whoever*
every	*one*	*any*

- Someone **is** looking for you.

165. Les sujets suivants sont pluriels : *several, many, both, few*.

- Both **are** aware of the situation.

166. Les expressions suivantes sont suivies d'un verbe au pluriel si le nom qui suit « *of* » est un dénombrable pluriel et d'un singulier dans le cas contraire (nom indénombrable ou dénombrable singulier).

none of	*half of*	*all of*	*a lot of*	*most of*
any of	*much of*	*majority of*	*some of*	*more of*

- Most of the book **has been** translated.
- Most of the books **have been** translated.
- Most of the information **is** wrong.

167. « *a number of* » est suivi d'un pluriel tandis que « *the number of* » est suivi d'un singulier.

- A number of flights **have been** cancelled.
- The number of flights to the U.S. **has** materially **increased** over the past two years.

168. Les mots qui s'intercalent entre le sujet et le verbe ne changent pas le genre du sujet (et par conséquent le verbe conservera la même forme).

- The accountant **is** talking about a general strike.
- The accountant, along with his colleagues, **is** talking about a general strike.

Les mots qui peuvent ainsi venir s'intercaler entre le sujet et le verbe sont fréquemment introduits par « *along with* », « *together with* », « *as well as* » ou encore « *in addition to* ».

169. « *The United States* », dès lors qu'il est fait référence au nom du pays (et pas à l'ensemble des États) est suivi du singulier.

- The United States **is** the richest country in the world.

170. On dira « *twenty million pounds is too much for this* ».

171. De même le singulier s'impose après les distances.

- 10 miles **is** very far.

LES PRINCIPAUX CAS D'INVERSIONS À CONNAÎTRE

172. Inversion dans les phrases qui commencent par un terme négatif ou semi-négatif : « *never* », « *no* », « *sooner* », « *hardly* », « scarcely », « *rarely* », « *seldom* »,...

- Never have I met such a stupid guy.
- Hardly had I told her the answer when she burst into tears.
- No sooner had she gone to sleep <u>than</u> the phone rang.

173. L'inversion après « *so* ».

- He is an intelligent student, and so is his brother.

174. L'inversion dans les propositions hypothétiques

- Had he refused (If he had refused), his wife would have accepted!

Attention : quand la phrase commence par « *if* » et contient les auxiliaires « *were* », « *had* » ou « *should* », on peut supprimer « *if* » et mettre l'auxiliaire en début de phrase.

- If he should accept: should he accept.
- If he had accepted: had he accepted.
- If it were to happen: were it to happen.

NOMBRES

175. « *Dozen* », « *hundred* », « *thousand* », « *million* »,... ne prennent pas de « s » final s'ils sont multipliés par un nombre précis.

- Two dozen eggs.

176. En revanche, s'ils sont précédés d'un quantificateur imprécis (« *several* » par exemple) ou de la préposition « *of* », ils prendront la marque du pluriel.

- Millions of people, several hundreds of employees.

WHETHER OU *IF* ?

177. « *whether* » ou « *if* » dans les interrogatives indirectes ?

1. On pourra utiliser indifféremment « *whether* » et « *if* » dans :

- I don't know if (ou whether) we have to answer or not.

2. On ne pourra pas employer « *if* » mais seulement « *whether* » dans les cas suivants :

a. Suivi de « *or not* ».

- I don't know whether or not we have to answer.

b. Si la subordonnée objet de la principale précède cette dernière.

- Whether we have to answer or not, I don't know.

c. Si la subordonnée est sujet de la proposition principale.

- Whether this is fair or not won't make him change his mind.

d. Si la subordonnée est introduite par une préposition.

- They are not interested in whether you find it or not.

e. Si le verbe de la subordonnée est à l'infinitif.

- I don't know whether to laugh or cry.

« *HAD BETTER* » – « *WOULD RATHER* »
(« *'D BETTER* » – « *'D RATHER* »)

178. « *'d rather* »

Il est l'abréviation de « *would rather* ». Deux constructions sont possibles :

- I'd rather insist than stop : je préfèrerais insister plutôt qu'arrêter.
- I'd rather you insisted : j'aimerais mieux que tu insistes.

179. « *'d better* »

Il est l'abréviation de « *had better* ». Cette structure se construit suivie de l'infinitif sans « *to* ».

- You'd better stop : tu ferais mieux d'arrêter.

180. « *Would do better* »

Attention à ne pas confondre cette structure avec une autre structure voisine : « ***would do better*** », qui, elle, se construit avec l'infinitif complet mais qui a le même sens :

- You'**d do better** to stop : tu ferais mieux d'arrêter.

181. **Attention à bien maîtriser la nuance de sens qui fait passer de la notion de souhait à la notion de regret.**

- Souhait.
  - I'd rather Ken **didn't** come.

Dans cette phrase, Ken n'est pas venu – et je souhaite d'ailleurs qu'il ne vienne pas.

- Regret.
  - I'd rather he **hadn't** come.

Ken est venu – mais j'aurais préféré qu'il ne vienne pas.

LES PRÉPOSITIONS

182. Erreurs les plus fréquentes sur les prépositions

(Les erreurs sont les élements soulignés.)

The government is considered as responsible : ... **is considered ø responsible**

Bill Gates is considered as the richest man in the world : **is considered** the richest man in the world

This article was published on October 1996 : **in** October 1997/**on** the 26th of October 1996

It depends of the attitude of the government : ... it depends **on** the...

The reasons of this crisis : the reasons **for** this crisis

In all the world : all over the world

Near from : **near** (Ex. : he lives near the station)

In the same time : **at** the same time

In, at, on an economic point of view : **from** an economic point of view

By this way : **in** this way

I congratulate you for your success : I congratulate you **on** your success

To go by foot : to go on foot (mieux : to walk)

Interested by : interested **in** politics

To ask at/to someone

Ex. : I ask my teacher a question.

To enter in

Ex. : he entered the room.

To obey to

Ex. : he obeys the manager's orders.

To resist to

Ex. : « **I can resist everything**, except temptation » (Oscar Wilde).

In front of this problem : **faced with** this problem

To change of jobs, of channels, of socks : to change jobs, to change channels, to change socks...

Autres prépositions à retenir

I'll take you at your word : *je te prendrai au mot*

The solution to the problem

To declare war on Serbia

A change in attitudes

The need <u>for</u> change

A reason <u>for doing</u> something (une raison d'avoir fait quelquechose) : lorsque c'est fait

A reason <u>to do</u> something (une raison de faire quelque chose) : lorsque c'est à faire

An attempt <u>at</u> an agreement

A memory <u>for</u> names

To be accused <u>of</u> murder

To be charged <u>with</u> murder

To be indicted <u>for</u> murder

To be convicted <u>of</u> murder

To be sentenced <u>for</u> murder

LES ADJECTIFS ET LES NOMS DE NATIONALITÉ, DE CONTINENTS, ETC.

L'initiale des noms et adjectifs de nationalité prennent systématiquement une **majuscule**.

Certains adjectifs peuvent être employés comme noms.

On distingue 3 catégories, selon la morphologie.

183. Les adjectifs se terminant par *-sh* ou *-ch*

Emploi obligatoire de *the* pour signifier le collectif : *the Dutch* (les Hollandais).

Pays	Adjectif	Singulier	Collectif
England	*English*	*an Englishman*	*the English*
France	*French*	*a Frenchman*	*the French*
Ireland	*Irish*	*an Irishman*	*the Irish*
Poland	*Polish*	*a Pole*	*the Poles*
Scotland	*Scottish*	*a Scotsman*	*the Scots*
Serbia	*Serbian*	*a Serb*	*the Serbs*
Spain	*Spanish*	*a Spaniard*	*the Spaniards/ the Spanish*
Sweden	*Swedish*	*a Swede*	*the Swedes*
Turkey	*Turkish*	*a Turk*	*the Turks*
Wales	*Welsh*	*a Welshman*	*the Welsh*

184. Adjectifs se terminant par *-ese* (ne prennent pas la marque du pluriel).

Pays	Adjectif	Singulier	Collectif
China	*Chinese*	*a Chinese*	*the Chinese*
Japan	*Japanese*	*a Japanese*	*the Japanese*
Portugal	*Portuguese*	*a Portuguese*	*the Portuguese*
Vietnam	*Vietnamese*	*a Vietnamese*	*the Vietnamese*
Lebanon	*Lebanese*	*a Lebanese*	*the Lebanese*

185. Adjectifs se terminant par *-an*

Ils prennent la marque du pluriel quand ils sont employés pour désigner l'ensemble de la nation ou une partie. Ils peuvent être employés sans l'article défini pour désigner l'ensemble du groupe.

Exemples :

- The ancient Greeks.
- By 1960 Americans came to view themselves first as « Americans » rather than first and foremost as citizens of a state or a region.

Pays	Adjectif	Singulier	Collectif
America	*American*	*an American*	*(the) Americans*
Australia	*Australian*	*an Australian*	*(the) Australians*
Russia	*Russian*	*a Russian*	*(the) Russians*
Germany	*German*	*a German*	*(the) Germans*
Italy	*Italian*	*a Italian*	*(the) Italians*
India	*Indian*	*an Indian*	*(the) Indians*
Bosnia	*Bosnian*	*a Bosnian*	*(the) Bosnians*
Africa	*African*	*an African*	*(the) Africans*
Asia	*Asian*	*an Asian*	*(the) Asians*
Europe	*European*	*a European*	*(the) Europeans*

Autre vocabulaire utile

The West Bank	La Cisjordanie
The Gaza Strip	La bande de Gaza
The Hispanics	Les Latino-Américains
The Afro-Americans, the Blacks	Les Afro-Américains, les Noirs
The Chicanos	Les Mexicains-Américains

LES PRINCIPAUX VERBES IRRÉGULIERS

186. Verbes 1 à 25

1.	arise	arose	arisen	*survenir*
2.	awake	awoke	awoken	*s'éveiller/éveiller*
3.	be	was	been	*être*
4.	bear	bore	borne (was born)	*porter,supporter (naître)*
5.	beat	beat	beaten	*battre*
6.	become	became	become	*devenir*
7.	begin	began	begun	*commencer*
8.	bend	bent	bent	*courber, plier*
9.	bet	bet	bet	*parier*
10.	bid	bid	bid	*offrir (prix), proposer, ordonner*
11.	bind	bound	bound	*lier, relier*
12.	bite	bit	bitten	*mordre*
13.	bleed	bled	bled	*saigner*
14.	blow	blew	blown	*souffler*
15.	break	broke	broken	*casser*
16.	breed	bred	bred	*élever (enfants, animaux)*
17.	bring	brought	brought	*apporter*
18.	broadcast	broadcast	broadcast	*diffuser (radio/télé)*
19.	build	built	built	*construire*
20.	burn	burnt (ed)	burnt (ed)	*brûler*
21.	burst	burst	burst	*éclater*
22.	buy	bought	bought	*acheter*
23.	cast	cast	cast	*jeter*
24.	catch	caught	caught	*attraper*
25.	choose	chose	chosen	*choisir*

187. Verbes 26 à 50

26.	cling	clung	clung	*s'accrocher*
27.	come	came	come	*venir*
28.	cost	cost	cost	*coûter*
29.	creep	crept	crept	*ramper*
30.	cut	cut	cut	*couper*
31.	deal	dealt	dealt	*distribuer*
32.	dig	dug	dug	*creuser*
33.	do	did	done	*faire*
34.	draw	drew	drawn	*tirer, dessiner*
35.	dream	dreamed (dreamt)	dreamed (dreamt)	*rêver*
36.	drink	drank	drunk	*boire*
37.	drive	drove	driven	*conduire*
38.	dwell	dwelt	dwelt	*demeurer, loger*
39.	eat	ate	eaten	*manger*
40.	fall	fell	fallen	*tomber*
41.	feed	fed	fed	*nourrir, se nourrir*
42.	feel	felt	felt	*sentir, se sentir*
43.	fight	fought	fought	*se battre*
44.	find	found	found	*trouver*
45.	flee	fled	fled	*fuir*
46.	fling	flung	flung	*jeter violemment*
47.	fly	flew	flown	*voler (dans l'air)*
48.	forbid	forbade	forbidden	*interdire*
49.	forecast	forecast	forecast	*prévoir*
50.	forget	forgot	forgotten	*oublier*

188. Verbes 51 à 75

51.	forgive	forgave	forgiven	*pardonner*
52.	forsake	forsook	forsaken	*abandonner*
53.	freeze	froze	frozen	*geler*
54.	get	got	got (améric. gotten)	*devenir, obtenir*
55.	give	gave	given	*donner*
56.	go	went	gone	*aller*
57.	grind	ground	ground	*moudre*
58.	grow	grew	grown	*pousser, grandir*
59.	hang	hung	hung	*suspendre*
		hanged	hanged	*pendre*
60.	have	had	had	*avoir*
61.	hear	heard	heard	*entendre*
62.	hide	hid	hidden	*cacher, se cacher*
63.	hit	hit	hit	*frapper*
64.	hold	held	held	*tenir*
65.	hurt	hurt	hurt	*faire mal, blesser*
66.	keep	kept	kept	*garder*
67.	kneel	knelt	knelt	*s'agenouiller*
68.	knit	knit	knit	*tricoter*
69.	know	knew	known	*savoir, connaître*
70.	lay	laid	laid	*poser*
71.	lead	led	led	*conduire*
72.	lean	leant (brit. -ed)	leant (brit. -ed)	*se pencher*
73.	leap	leapt	leapt	*bondir*
74.	learn	learned (learnt)	learned (learnt)	*apprendre*
75	leave	left	left	*laisser, partit*

189. Verbes 76 à 100

76.	lend	lent	lent	*prêter*
77.	let	let	let	*laisser, permettre*
78.	lie	lay	lain	*être couché*
79.	light	lit (lighted)	lit (lighted)	*allumer*
80.	lose	lost	lost	*perdre*
81.	make	made	made	*faire*
82.	mean	meant	meant	*signifier, vouloir dire*
83.	meet	met	met	*rencontrer*
84.	mow	mowed	mown	*tondre, faucher*
85.	pay	paid	paid	*payer*
86.	put	put	put	*mettre, poser*
87.	quit	quit	quit	*cesser, quitter*
88.	read	read	read	*lire*
89.	rid	rid	rid	*débarrasser*
90.	ride	rode	ridden	*aller à cheval, à vélo...*
91.	ring	rang	rung	*sonner*
92.	rise	rose	risen	*se lever, s'élever*
93.	run	ran	run	*courir*
94.	say	said	said	*dire*
95.	see	saw	seen	*voir*
96.	seek	sought	sought	*chercher*
97.	sell	sold	sold	*vendre*
98.	send	sent	sent	*envoyer*
99.	set	set	set	*fixer, mettre en place, établir*
100.	sew	sewed	sewn	*coudre*

190. Verbes 101 à 125

101.	shake	shook	shaken	*secouer*
102.	shed	shed	shed	*verser des larmes*
103.	shine	shone	shone	*briller*
		shined	shined	*astiquer, faire briller*
104.	shoot	shot	shot	*tirer*
105.	show	showed	shown	*montrer*
106.	shrink	shrank	shrunk	*rétrécir*
107.	shut	shut	shut	*fermer*
108.	sing	sang	sung	*chanter*
109.	sink	sank	sunk	*sombrer, couler*
110.	sit	sat	sat	*être assis*
111.	sleep	slept	slept	*dormir*
112.	slide	slid	slid	*glisser*
113.	smell	smelt (US : smelled)	smelt (US : smelled)	*sentir, renifler*
114.	speak	spoke	spoken	*parler*
115.	speed	sped	sped	*aller vite, foncer*
116.	spell	spelt	spelt	*épeler*
117.	spend	spent	spent	*dépenser, passer le temps*
118.	spill	spilt	spilt	*renverser (lait)*
119.	spit	spat	spat	*cracher*
120.	split	split	split	*fendre, couper en deux*
121.	spoil	spoilt (US : spoiled)	spoilt (US : spoiled)	*gâter, gâcher*
122.	spread	spread	spread	*étaler, étendre, s'étendre*
123.	spring	sprang	sprung (US : sprung)	*bondir*
124.	stand	stood	stood	*être debout*
125.	steal	stole	stolen	*voler, dérober*

191. Verbes 126 à 153

126.	stick	stuck	stuck	*coller*
127.	sting	stung	stung	*piquer (insecte)*
128.	stink	stank	stunk	*puer*
129.	strike	struck	struck	*frapper*
130.	strive	strove	striven	*s'efforcer*
131.	swear	swore	sworn	*jurer*
132.	sweep	swept	swept	*balayer*
133.	swell	swelled	swollen	*enfler*
134.	swim	swam	swum	*nager*
135.	swing	swung	swung	*se balancer*
136.	take	took	taken	*prendre*
137.	teach	taught	taught	*enseigner*
138.	tear	tore	torn	*déchirer*
139.	tell	told	told	*raconter, dire*
140.	think	thought	thought	*penser*
141.	thrive	throve (thrived)	thriven (thrived)	*prospérer*
142.	throw	threw	thrown	*jeter, lancer*
143.	tread	trod	trodden	*fouler, piétiner*
144.	understand	understood	understood	*comprendre*
145.	upset	upset	upset	*renverser, bouleverser*
146.	wake	woke (US :waked)	woken (US :waked)	*réveiller*
147.	wear	wore	worn	*porter (vêtements)*
148.	weave	wove	woven	*tisser*
149.	weep	wept	wept	*pleurer*
150.	win	won	won	*gagner (au jeu)*
151.	withdraw	withdrew	withdrawn	*retirer, se retirer*
152.	wring	wrung	wrung	*tordre*
153.	write	wrote	written	*écrire*

LES FAUTES À ÉVITER

192. Des fautes très fréquentes dans les copies

Ne dites pas...	... Mais	Pour dire
I am agree	I agree	*Je suis d'accord*
To suffer from a crisis	To undergo a crisis	*Subir une crise*
According to me	In my opinion	*À mon avis*
The man	Man	*L'homme*
Environment	The environment	*L'environnement*
Humanity	Mankind	*L'humanité*
The occidental countries	Western countries	*Les pays occidentaux*
Problems as drugs	Problems like/such as drugs	*Les problèmes comme celui de la drogue*
The President Bush	President Bush	*Le Président Bush*
In the political area	In the political field	*Dans le domaine politique*
Unuseful	Useless	*Inutile*
The article speaks about	The article deals with	*L'article traite de*
Every countries are	Every country is	*Tous les pays sont*
The United States are	The United States is	*Les États-Unis sont*
It exists a country	There exists/is a country	*Il existe un pays*
Unemployment touches many people	Unemployment affects a lot of people	*Le chômage touche beaucoup de monde*
It is the first time I see this	It is the first time I've seen this	*C'est la première fois que je vois cela*
The two first months	The first two months	*Les deux premiers mois*
Despite of the declaration	In spite of / Despite the declaration	*Malgré la déclaration*
All the more that	All the more so as	*D'autant plus que*
The reason of	The reason for	*La raison de*
Consommation	Consumption	*La consommation*
Habitants	Inhabitants	*Les habitants*
A society problem	A social problem	*Un problème social*
The youngs	The young, young people	*Les jeunes*
In five years	In five years' time	*Dans cinq ans*
The solution of the problem	The solution to the problem	*La solution au problème*
I am interested by philosophy	I am interested in philosophy	*La philosophie m'intéresse*

193. Fautes d'orthographe fréquentes

N'écrivez plus...	**Mais...**
Affraid	Afraid
An other	Another (en un seul mot)
Can not	Cannot (en un seul mot)
Carreer	Career
Comitee	Committee
Comparaison	Comparison
Condamn	Condemn
Developement	Development
Ennemy	Enemy
Environnement	Environment
Exagerate	Exaggerate
Exemple	Example (en revanche : Exemplify)
Gouvernment	Government
Immediatly	Immediately
Independance	Independence
Independant	Independent
Jugement	Judgement
Mentionned	Mentioned
Personnal	Personal (idem : Traditional)
Professionnal	Professional
Recieve	Receive
Refered	Referred
Responsable	Responsible
Responsability	Responsibility
Ressources	Resources
Revolutionnary	Revolutionary
Rythm	Rhythm
Schock	Shock

194. Les principaux faux amis

to achieve	réaliser, mener à bien achever : *to finish, to complete*
actual	réel actuel : *present, current*
actually	en réalité actuellement : *presently, currently*
an advertisement	une publicité, une (petite) annonce avertissement : *warning*
to advise	conseiller aviser : *to inform*
to allege	prétendre, alléguer alléger : *to lighten/to relieve*
an agenda	un programme, un ordre du jour un agenda : *a diary*
to assist	aider, assister qqn assister à : *to attend*
a benefit	un avantage, une allocation faire des bénéfices : *make profits*
comprehensive	détaillé, complet compréhensif : *understanding*
definitely	à coup sûr, sans aucun doute, absolument
to demand	exiger demander : *to ask for*
to demonstrate	manifester, démontrer
to deserve	dissuader desservir : *to clear away*
to deter	dissuader déterrer : *to dig up*
a dispute	une discussion, un conflit dispute : argument
eventually	finalement, en fin de compte éventuellement : *possibly*
evidence	preuve évidence : *obviousness*
experience	expérience, aventure expérience scientifique : *experiment*
an issue	une question, un problème, un numéro (journal) issue : *exit/outcome*
money	argent monnaie : *change*
particular	particulier, spécial, minutieux
to pass an exam	être reçu à un examen passer un examen : *to take an exam, to sit an exam*
a patron	un protecteur, un mécène patron : *manager, boss*
performance	représentation (théâtrale), résultats (économiques, scolaires)

to prevent	empêcher de (*from*) prévenir : *to warn*
rampant	qui sévit, qui fait rage rampant : *crawling, creeping*
recipient	destinataire, bénéficiaire récipient : *container*
to resume	reprendre, se remettre à résumer : *to summarize*
sensible	sensé, raisonnable sensible : *sensitive*
society	la société (*a society* : une association) une société (commerciale) : *a company, a firm*
to support	soutenir, encourager, subvenir aux besoins supporter : *to bear, to suffer*
to traduce	calomnier traduire : *to translate* (texte)

ÉLÉMENTS DIVERS

195. « *Too* », qui indique la similarité, se place juste après le terme auquel il se rapporte.

- He, too, wasn't pleased : lui non plus n'était pas content.
- He loves playing the violin too : il aime également jouer du violon.

196. L'ordre des mots dans les interrogatives indirectes

Il est le même que dans les phrases affirmatives.

- I don't know what the problem is : je ne sais pas quel est le problème.
- Do you know where the keys are? : est-ce que tu sais où sont les clés ?

197. Les adjectifs se terminant par « *ed* » ou « *ing* »

La distinction tient au sens que prend l'adjectif :

• On utilisera « *ed* » quand il s'agit d'une caractéristique ou de l'état d'une personne ou d'une chose.

- He is bored (il en a assez, la situation l'ennuie).

• On emploiera la terminaison « *ing* » quand il s'agit d'une caractéristique ou d'un état qui influe sur les autres.

- He is boring (il est fatigant, pénible).

198. « *Every* » précède un nom au singulier. « *All* » précède un nom au pluriel ou au singulier.

- Every child is happy.
- All the children are happy.

199. Les pluriels des lettres de l'alphabet se forment en ajoutant la terminaison « *'s* » (parfois sans ').

- The MP's ou the MPs : les députés.
- The 3r's : reading, writing, arithmetic
- Mind your p's and q's : surveille ton langage et tes manières.
- LDCs (less developed countries).

200. Les chiffres que l'on emploie pour indiquer une décennie forment leurs pluriels en ajoutant « *'s* » ou « *s* ».

- the 1960s : les années soixante.

CHAPITRE 2
VOCABULAIRE & COMPRÉHENSION

En consultant les sujets de concours, vous avez dû faire le constat que les Ecoles attendent des candidats un très bon niveau de compréhension écrite qui va de paire avec une forte exigence sur le plan lexical.

La compréhension et la richesse lexicale sont testées dans toutes les Écoles le plus souvent sous forme de Questions à Choix Multiples.

- **Sesame** : Un texte d'une page et 8 QCM ;
- **Acces** : Trois textes d'une dizaine de lignes chacun et une série de QCM ;
- **Team** : Deux textes suivis chacun de 10 QCM ;
- **Ipag** : 40 QCM portant sur des points de mécanismes et de compréhension ;
- **Prism** : Un texte d'environ deux pages et 15 QCM ainsi que 15 autres QCM sur des points de vocabulaire ;
- **Pass** : 50 QCM de grammaire, expression et vocabulaire.

L'apprentissage du vocabulaire vous demandera de la patience et votre travail sera d'autant plus efficace si vous parvenez à étaler votre préparation dans le temps. Nous vous proposons une liste de 100 mots qui ont la particularité d'être fréquemment utilisés dans la presse.

Parmi cette liste, combien en connaissez-vous ?

A	
to alter	modifier, changer
an asset	un atout, un point fort
to be poles apart	être diamétralement opposés
to be at issue	être en cause
to be in a scrape	être dans une situation difficile
B	
the backbone	l'épine dorsale (fig.), l'essentiel
to backfire	avoir un effet inverse que prévu
to put something on the backburner	mettre quelque chose en attente
a blunt statement	une affirmation brutale
the bottom line	l'essentiel
a burden	un fardeau
to bridge a gap	combler un « fossé »
to bark up the wrong tree	se tromper d'adversaire
a blockbuster	un film / un livre à grand succès
a buzzword	une expression à la mode
brain drain	la fuite des cerveaux
C	
a case in point	un exemple frappant
to come to grips with a problem	affronter un problème
cogent	convaincant
a crackdown	une répression
to call into question	remettre en question
to be committed to a cause	s'engager en faveur d'une cause
a catch-22 situation	une situation inextricable
D	
to dwell on	s'arrêter sur
to downplay	minimiser
a deadline	une date butoir
deep-rooted	profondément enraciné
to be detrimental to	être nuisible à
to downsize a company	restructurer
a downturn	une récession
to be in the doldrums	être en crise, dans une mauvaise passe

E	
the lesser of two evils	le moindre mal
F	
a fringe group	un groupe marginal
far-reaching consequences	des conséquences d'une grande portée
far-fetched	tiré par les cheveux
fully-fledged	à part entière
a quick fix	une solution rapide (qui ne dure pas)
G	
the gist (of the matter)	l'essentiel, le point principal
H	
a hurdle	un obstacle
it all hinges on	tout repose sur
a hardliner	un extrémiste pur et dur
the happy medium	le juste milieu
a hackneyed expression	un cliché
a hit-list	une liste noire
the happy few	les rares privilégiés
high on the agenda	une priorité à l'ordre du jour
the haves and the have-nots	les riches et les pauvres
by hook or by crook	coûte que coûte, par tous les moyens
J	
a burning issue	un sujet brûlant
to jettison	se débarrasser de, abandonner
to jeopardize	mettre en danger, menacer
K	
the keystone	la clé de voûte
a knock-on effect	une répercussion immédiate
L	
a looming danger	un danger menaçant
to lay stress on	mettre l'accent sur
to be at a loss	être perplexe, ne pas savoir que faire

M

to live outside the mainstream of society	vivre en marge de la société
a milestone	un tournant, un événement marquant
to make headway	progresser
to miss the point	ne rien comprendre
motley	hétéroclite

O

an outlook	une perspective
one-sided	partial, partisan
an ombudsman	un médiateur

P

a moot point	un point discutable
to be beside the point	être à côté de la question
a predicament	une situation difficile
a pitfall	un piège
a prime example	un exemple type
to pave the way for	ouvrir la voie à
the pros and cons	le pour et le contre

Q

a quandary	un dilemme

S

to be at a standstill	stagner, être au point mort
a stalemate	une impasse
to stick to the facts	s'en tenir aux faits
from scratch	à partir de zéro
the stakes are high	l'enjeu est de taille
a standard	un critère
to streamline	restructurer, rationaliser
a step	une mesure
a sponger	un parasite
the stark reality	la vérité telle qu'elle est
a snag	un inconvénient
a standpoint	un point de vue

T

to tip the scales in favour of... /against...	Faire pencher la balance en faveur /contre
in the long/short/medium term	à long/court/moyen terme
from top to bottom	entièrement
on second thoughts	à la réflexion
to turn a blind eye to	fermer les yeux sur
a think tank	un groupe de réflexion
a trump card	un atout, une carte maîtresse

U

an understatement	un euphémisme
an unbridgeable gap	un fossé infranchissable
a scapegoat	un bouc émissaire
an upheaval	un bouleversement
a U-turn	un changement radical
the ups and downs	les hauts et les bas

W

in the wake of	à la suite de
to be on the wane	être en diminution
wishful thinking	des vœux pieux

MÉTHODOLOGIE

Réussir la partie Compréhension vous demandera d'avoir un minimum de méthode. S'il est évident que vous développerez la votre tout au long de votre préparation et au fur et à mesure que vous vous entraînerez sur des épreuves en temps réel, vous veillerez à garder en tête les points suivants :

1. Il est préférable de lire les questions avant même de lire le texte. Cela vous permettra de détecter rapidement les passages du texte qui sont importants et ceux qui ne le sont pas.
2. La lecture du texte doit être ciblée : en fonction des questions qui vous sont posées, il sera inutile de passer du temps à comprendre un mot, une expression, une phrase si ces derniers ne font pas l'objet d'une question.
3. Les questions sont le plus souvent posées dans l'ordre du texte.
4. Le contexte permet parfois d'orienter vos réponses. Ne le négligez jamais. De même certaines réponses sont totalement fantaisistes (en et hors contexte). Identifier ces non-sens limitera votre choix.
5. Quand les réponses fausses n'apportent pas de points négatifs, il faut absolument répondre à toutes les questions. Le hasard pourra ainsi vous permettre de gagner quelques points. Le jour d'un concours, tout compte !

ENRICHIR SON VOCABULAIRE

Pour enrichir son vocabulaire, il faut lire (un ou deux articles par semaine suffisent) et retenir le vocabulaire que vous avez lu. Pour faciliter votre apprentissage mais aussi pour vous accompagner à mobiliser les mots retenus, la meilleure méthode consiste à faire des listes de vocabulaire par thèmes.

Pour vous aider à vous sentir à l'aise sur les principaux thèmes traités aux concours, vous retrouvez en fin d'ouvrage 10 fiches de vocabulaire que vous gagnerez à apprendre dans leur contexte. Ces dernières portent sur les thèmes suivants :

1. L'environnement (p. 262)
2. L'entreprise (p. 266)
3. Le monde du travail (p. 273)
4. Violence et criminalité (p. 279)
5. La drogue (p. 283)
6. Les problèmes sociaux (p. 286)
7. L'immigration (p. 289)
8. Les droits de l'Homme (p. 292)
9. Le Tiers Monde (p. 294)
10. La bioéthique (p. 296)

CHAPITRE 3
SAVOIR RÉDIGER

L'essai est l'exercice que les candidats redoutent le plus. Quand il fait partie des exercices proposés aux concours d'entrée (en particulier à Sesame), il représente une part importante de la note finale de langue et fait souvent figure d'épreuve aussi difficile à cerner qu'à réaliser.

Et pourtant, quand on en comprend les objectifs et que l'on a pris le temps de s'entraîner suffisamment, l'exercice est loin d'être insurmontable. L'objet de ce chapitre est de comprendre les règles de l'essai et de cerner les attentes des examinateurs.

LES 10 POINTS À AVOIR EN TÊTE POUR FAIRE UN BON ESSAI

1. Bien lire le sujet

Depuis le début de votre scolarité, on vous a sûrement dit et répété qu'avant de vous lancer tête baissée dans la rédaction d'une dissertation, d'une réponse à une question ou à un exercice, il fallait prendre le temps de bien en **lire l'énoncé**. Vérité simple au risque de paraître simpliste, c'est pourtant une étape primordiale qu'il faudra bien se garder de franchir trop rapidement.

Le sujet d'un essai doit se lire, se relire et s'analyser. Pourtant, vous avez peu de temps pour cela. Interrogez-vous sur la question posée : que signifie-t-elle ? Pouvez-vous la reformuler avec vos propres mots ? Si vous n'êtes pas capable de répondre clairement à ces deux questions, vous allez droit dans le mur du hors sujet... alors réfléchissez-y à deux fois !

2. Analyser le sujet

Si la phase de lecture vise à la compréhension du sujet et vous évite ainsi de traiter un sujet voisin, elle ne vous suffit pourtant pas à déboucher sur une rédaction de qualité. Pour cela, vous devez passer quelques minutes à analyser les tenants et les aboutissants de la question qui vous est posée. Les questions clés que vous devez vous poser à ce stade sont de l'ordre de trois :

- En quoi la question posée est-elle source de débat ?
- Quelles sont les forces en présence (pour et contre, partisans contre détracteurs) ?
- Quels arguments percutants pourront être avancés ?

3. Prendre position

La majorité des sujets vous invite à donner votre avis sur une question, une citation, un débat. Il n'y a rien de plus frustrant pour un correcteur que d'avoir un beau développement plus ou moins bien « balancé » avec de beaux arguments étayant les différentes parties, si l'on ne parvient pas à **dégager très vite la position du candidat**. Vous avez bien sûr la conclusion pour vous exprimer mais c'est toutefois un peu maigre, quand on pense qu'elle ne fait en général qu'une trentaine ou une quarantaine de mots.

N'oubliez pas que l'exercice de l'essai n'a que peu de similitudes avec l'art de la dissertation : longueur, structure et prise de position ne respectent pas les mêmes règles. **Un correcteur appréciera toujours que vous énonciez votre point de vue dès le début**. Là encore (sans que cela ne soit pour autant une obligation absolue), vous positionner d'emblée par rapport au sujet aura l'énorme avantage de proposer un argumentaire fort, direct et percutant. Si vous le faites en début d'essai, vous aurez très vite l'amorce d'un fil conducteur et votre lecteur vous saura gré d'une clarté qu'il ne trouve malheureusement que dans peu de copies.

4. Structurer

Un essai exige un minimum de structure. Les contraintes ne sont pas pesantes, mais tout correcteur s'attendra à :

- **Une introduction** qui pose le sujet, l'explicite sans le recopier, le positionne dans un contexte, sans l'analyser (en général 40 à 50 mots) ;
- **Un développement** autour de deux (voire trois) idées fortes. On ne s'attend pas systématiquement au plan « traditionnel » en deux parties, mais beaucoup plus à un enchaînement d'idées argumentées et présentées dans un ordre cohérent ;
- **Une conclusion** qui ne résumera jamais ce qui précède mais aura pour objet d'ouvrir le sujet sur un thème plus large ou encore d'apporter un éclairage supplémentaire par rapport au thème traité (30 à 50 mots).

5. Donner des exemples

Rédiger un essai, c'est d'abord et avant tout répondre à une question et essayer de convaincre votre lecteur du bien-fondé de votre position. Pour cela, les théories gagnent toujours à être étayées d'**exemples précis** et **factuels**. Ces derniers doivent venir à l'appui d'une idée, et pas l'inverse.

Le choix des exemples est important. Pour cela, puisez dans vos connaissances des cultures et civilisations anglo-saxonnes ; cela sera plus apprécié que les exemples strictement hexagonaux. Si par exemple, vous avez à traiter un sujet sur le féminisme, il sera de très loin préférable de citer Betty Friedan, plutôt que Simone Weil ou Arlette Laguiller.

6. Les pièges liés au vocabulaire

Les candidats pensent trop souvent que leurs essais doivent jeter de la poudre aux yeux. Pour cela, ils se fixent des objectifs aussi ridicules que nuisibles, comme par exemple, vouloir coûte que coûte « caser » du vocabulaire « savant », des phrases toutes faites ou des structures apprises par cœur.

Sachez qu'il s'agit là d'un **jeu dangereux** qui ne rapporte jamais gros et qui a de plus en plus tendance à coûter cher aux candidats. Un jury n'est pas dupe et sait faire la différence entre un anglais authentique et un patchwork de formules ou structures stéréotypées.

Cela ne signifie pourtant pas que vous devez vous garder d'apprendre des listes de vocabulaire ou des amorces de phrases ; cela signifie simplement qu'il faut que vous soyez à même de réemployer ces dernières de façon idiomatique. Pour cela, les mots que vous avez appris devront vous venir naturellement à l'esprit au moment de la rédaction. Un entraînement régulier vous y aidera.

7. Respecter le nombre de mots

Les consignes de l'énoncé sont claires : l'essai est à rédiger en **un nombre de mots défini**. Respectez cette consigne avec une marge de plus ou moins 10 % (seuil au dessus où en deçà duquel vous serez pénalisé).

8. S'entraîner régulièrement

L'essai n'est pas un exercice qui s'improvise. Le baccalauréat ne vous y a pas préparé. C'est pourquoi il faut éviter de « découvrir » l'exercice le jour de l'examen et vous entraîner régulièrement sur plusieurs types de sujets. Il faudra en particulier vous entraîner à maîtriser le facteur temps !

9. Relire

Oublier de relire son essai est une erreur fréquente liée à une mauvaise gestion du temps. Pourtant, ne pas se relire, c'est :

- Laisser passer des fautes d'orthographe évitables ;
- Risquer des fautes de grammaire et de syntaxe ;
- Donner un bâton à son correcteur qui n'aura de cesse que de se focaliser sur ces petits détails, au point d'en oublier (ou pour le moins de ternir) les points forts de l'essai.

En deux mots : ne pas se relire c'est accepter de n'être noté que sur 16 points au lieu de 20.

10. Tirer profit de sa préparation

Enfin, cherchez à comprendre le « pourquoi du comment » des notes qui vous ont été données tout au long de votre préparation. Analysez les remarques qui vous ont été faites. Cela vous permettra de reproduire les points positifs et de vous améliorer sur ceux qui le sont moins.

Travaillons maintenant les techniques de rédaction.

TECHNIQUES DE RÉDACTION & STRUCTURE DE L'ESSAI

La plupart des sujets d'essai se présente sous forme de question, qui peut être ouverte : *How does television dramatise information?* ou fermée (réponse par oui ou par non) : *Is globalisation a threat to cultural diversity?*

Votre correcteur attendra de vous une rédaction dans un style clair et direct. Pour vous y aider, voici un essai « décortiqué », de sorte à vous aider à en identifier la structure et vous familiariser aux techniques de rédaction.

1. Techniques de rédaction

Do you believe that parents should receive fiscal inducement from the state, or even a salary, to raise more children?

Afin de vous montrer concrètement comment faire, et au lieu de l'exposé traditionnel et quelque peu stéréotypé des arguments « pour/contre », il nous a semblé intéressant de proposer deux essais, l'un « pour », l'autre « contre », avec prise de position dès l'introduction (méthode anglo-saxonne).

« POUR »

In order to counteract the falling birth rate in the west, some people advocate socioeconomic policies whereby parents would receive tax incentives or even a salary to **raise**[1] more children. Let's face it: money being a major incentive, and raising a family involving heavy expenditure, it seems reasonable to compensate parents for their financial outlay. In addition, this policy may well turn out to be beneficial to society at large.

Look at it as an investment: today's babies are tomorrow's participants in the nation's prosperity. The money invested in day-care centres, schools, or salaries paid to parents, will be repaid in full when they grow up to become fully-fledged members of the community. This is even more true in France, where the younger generation pays for the **older**[2] generation's pensions. Salaries or tax incentives seen in this light are part of a global investment including education and health services. The strictly financial aspect is not the only one: it is also a matter of choice. Some people cannot afford to raise large families, **however much they would like to**[3]. If such people received money from the state, the difference between **rich and poor**[4] would perhaps be erased. In addition, mothers would have the choice of staying at home to **take care of**[5] their children instead of having to go out to work to make ends meet.

Money can't buy everything, but it can level out some social inequalities by ensuring that no one is debarred from having children by their income, that women can choose to be full-time mothers without feeling guilty. Not only more children, but **more happy children**[6] would result from this policy.

(281 words)

1 **raise/rise** : ne confondez pas raise, verbe régulier (*raised, raised*) transitif (*to raise pigs, to raise one's hand*) avec rise, irrégulier (*rose, risen*) intransitif (*the sun rises at 7 a.m.*).

2 **older/younger** : n'oubliez pas le comparatif de supériorité dans une comparaison à deux termes. On dira volontiers en anglais : older people (les vieux), mais the young (les jeunes).

3 **however much they would like to** : il s'agit ici d'une façon de complexifier la syntaxe. On pourrait aussi avoir *even if/though they would like to ou encore no matter how much they would like to.*

4 **rich and poor** : noter ici l'absence de l'article; elle tient à l'aspect proverbial de l'expression.

5 **take care of** : ne confondez pas *take care of* (prendre soin de) avec *take care* (avoir de l'affection pour quelqu'un).

6 **more happy children** : attention *more* détermine le groupe nominal *happy children*, et non l'adjectif *happy*. Si tel avait été le cas, nous aurions eu *happier children*.

Introduction

- Je rattache le sujet à son contexte par le premier segment de la phrase : « *In order to counteract the falling birth rate…* »
  Puis je poursuis par une reformulation pour éviter une redite du style : « *Yes, I think that parents should receive…* ». Cette paraphrase permet de faire preuve de souplesse et de placer un synonyme de « *fiscal inducement* » (« *tax break* » aurait été tout aussi approprié). Cette première phase sert d'amorce à la « *topic sentence* » qui est l'énoncé d'une opinion fondée sur une problématique en termes de coût.
- On passe maintenant à la *topic sentence* (c'est la phrase clé du paragraphe). Elle est clairement introduite par « *Let's face it* », formulation assez brutale qui a précisément pour but d'attirer l'attention du lecteur.
- Je réponds à la question par l'affirmative.
  J'ajoute un argument supplémentaire (« *In addition, this policy may turn out to be beneficial to society at large* ») qui sera repris dans la phrase finale de l'essai. Notez que l'on pourrait aussi relier les deux dernières phrases de l'introduction par un « *not only... but also* » : ***Not only** does it seem reasonable to compensate parents for their financial outlay, **but** this policy may **also** turn out to be beneficial to society at large.*

Développement

- Il développe la « *topic sentence* » et occupe le paragraphe central.
  On pourrait proposer une formulation plus simple « *Today's babies are tomorrow's participants in the nation's prosperity* » : « *Children are the future of a country* ».
- J'utilise un exemple qui illustre cette idée.
- J'embraye sur un argument supplémentaire, et pour augmenter la cohérence du paragraphe, je résume ce que je viens de dire par une phrase de transition : « *The strictly financial aspect is not the only one* ».
- J'enrichis la construction par une concessive (« *no matter how much* »).
  Il est bon de faire preuve de dextérité dans le maniement des structures syntaxiques.
  Variantes : – *However much they would like to...*
  – *No matter how much they would like to...*
  – *Even though they would like to...*
  Entraînez-vous à ces exercices de réécriture : ils vous donneront la souplesse et l'aisance qui feront la différence le jour de l'examen.
- Enfin, j'utilise une expression idiomatique « *to make ends meet* », plus colorée que « *to earn a living* ».

Conclusion

Je commence par un lieu commun (« *Money can't buy everything* »), mais je rebondis sur l'idée d'égalisation contenue dans « *level out* ». Si vous trouvez cette phrase un peu trop compliquée, vous pouvez l'écrire ainsi : *Money can level out inequalities by making it possible for everybody to have as many children as they wish.*

« CONTRE »

In order to counteract the falling birth rate in the west, some people advocate socio-economic policies whereby parents would receive tax **incentives**[1] or even a salary to raise more children. **Let's face it**[2]: pro-family policies are an open door to state intervention in every private matter besides being financially irrelevant and unproductive.

Children are a source of private and public expenditure. Who pays for day-care centres, schools, playgrounds, scholarships and healthcare? The taxpayer does. And it is only when the child is fully grown-up that the investment begins to **pay off**[3]– if it ever does. Suppose he grows into a highschool dropout who never finds a job because he is not qualified; he will continue to be a financial burden on the taxpayer for ever.

Besides, money is not the best of incentives. Some people might be lured into giving birth for the wrong reasons, and the money might be used for other ends than giving the children the food, shelter and education they are entitled to. Politicians would be better inspired if they granted large families facilities in the form of better housing, or if they made part-time jobs more easily available for fathers and mothers.

The most dangerous aspect of such a measure would be unwarranted governmental intrusion into private matters. Freedom of choice? Rather the contrary, considering that many people act out of greed.

Money cannot buy everything: least of all it cannot ensure that children enjoy decent living conditions. I deeply believe that people do not beget children out of mercenary motives - and that people who do are likely to turn out to be the wrong kind of parents. Such a policy might prove damaging to both children and to social fabric.

(286 words)

1 **incentive** : mot très courant (incitation). Exemple : « *schools will be offered cash incentives to raise attendance rates* » (pour encourager les élèves à suivre les cours, les écoles recevront des incitations financières).

2 **Let's face it** : introduit un registre légèrement familier, surtout avec la contraction (*let's* au lieu de *let us*). En principe le registre formel qui caractérise la prose bannit les contractions, mais celles-ci se font jour dans la prose journalistique.

3 **pay off** : être rentable. Pour mémoire : *pay back* : rembourser ; *pay up* : payer jusqu'au dernier sou.

Introduction

Prise de position radicale : je signale une dérive possible de la politique proposée et je qualifie celle-ci de « *irrelevant and unproductive* ».
« *Besides being* » permet d'intégrer tous les arguments en mettant en relief le premier. Si j'avais souhaité mettre en relief tous ces arguments, j'aurais écrit : *« Pro-family policies are an open door to state intervention... as well as being financially irrelevant and unproductive. »*

Développement

Il couvre trois paragraphes qui correspondent à trois sous parties :

- L'investissement en question n'est pas toujours rentable (exemple introduit par « *suppose* »).
- « *Besides* », ce mot-charnière permet d'ajouter un argument supplémentaire. Celui-ci repose sur une situation hypothétique (d'où l'emploi de « *might* ») et débouche sur des suggestions : améliorer le logement ou augmenter la flexibilité du travail.
- Vous remarquerez que je n'ai pas développé les trois sous parties dans l'ordre dans lequel elles étaient présentées dans la « *topic sentence* ». J'ai gardé pour la fin l'argument mis en avant comme le plus important : le danger de l'interventionnisme d'état.

Conclusion

J'utilise le même lieu commun qui avait servi pour l'essai précédent mais il débouche sur une conclusion radicalement différente. Je mets en avant une conviction personnelle avec « *I believe that* », tout en atténuant la vigueur de cette affirmation avec l'auxiliaire « *might* ».

2. Stucturer votre essai : les charnières du discours

Un essai n'est pas une dissertation. Il est impératif d'éviter les chevilles calquées sur le français : « *in the first part we shall study...* », « *in the second part we will ask...* »

Le défaut majeur d'un débutant est de rédiger phrase après phrase, ce qui donne une séquence de propositions indépendantes, puis d'ajouter « *indeed* », « *then* », « *therefore* » pour souligner les articulations. Les Anglais et les Américains utilisent ces mots de liaison avec une certaine parcimonie, et seulement dans un registre formel. Il faut donc fuir l'excès, apprendre à les utiliser à bon escient et varier ces mots de liaison qui constituent des charnières du discours.

Comme leur nom l'indique, ils servent à articuler votre propos selon des modes discursifs/rhétoriques, de logique (implication, cause, effet, opposition, condition) ou d'expansion (ajout, illustration, exemple). N'en abusez pas toutefois, surtout dans des essais courts. Il y a également une question de registre : certains appartiennent à un registre élevé (« *formal* ») qui n'est pas forcément celui d'un essai d'étudiant.

A. Coordination et expansion

Also, and, as well as, furthermore, in addition, indeed, in fact, moreover, nor, first... second... third

AND

Each society has it own unique decision structure. The more numerous, varied, frequent and complex the decisions required to run it, the heavier its political decision load. <u>And</u> the way this load is shared fundamentally influences the level of democracy in society.

Toutes les sociétés ont leur structure décisionnelle propre. Plus nombreuses, fréquentes, et complexes sont les décisions à prendre pour son bon fonctionnement, plus lourde est la charge politique de prise de décision. Et la répartition de cette charge influe sur le niveau de la démocratie dans la société.

Notez que « *and* » peut se placer en tête de phrase, et que cette position met en relief la proposition causale. Comparez :

The Internet brings us much closer to other people, and we naturally try to establish relationships with them because we're social animals.

Et :

The Internet brings us much closer to other people. And because we're social animals, we naturally try to establish relationships with them.

AS WELL AS

<u>As well as</u> maintaining paths and putting up educational signs, the organisation is thinning hundreds of thousands of trees.

L'organisation entretient les sentiers et érige des panneaux d'information ; elle éclaircit aussi des centaines de milliers d'arbres.

IN ADDITION

The Spanish Americans are sensitive to the slightest suggestion of criticism. Confrontations are therefore to be avoided at all costs. In addition, there is obdurate pride, which must be met.

Les Hispano-Américains sont sensibles à la moindre critique. C'est pourquoi il faut éviter les affrontements à tout prix. De plus, il faut prendre en compte leur fierté opiniâtre.

INDEED

Sert à renchérir sur une affirmation, à confirmer ce qui vient d'être dit. Attention : « *indeed* » n'est pas explicatif. Sa place dans la phrase peut être au début, ou à la fin, ou avant l'élément sur lequel il porte plus particulièrement.

Some recent historians charge middle-class moralists with hypocrisy – indeed, with a double hypocrisy, paying lip service to values they violate in their personal lives.

Des historiens récents taxent les moralistes de la classe moyenne d'hypocrisie, et même d'une double hypocrisie qui consiste à adhérer verbalement à des valeurs qu'ils transgressent dans leur vie personnelle.

IN FACT

Permet de préciser ou de rectifier le propos précédent. À ne pas confondre avec « *as a matter of fact* ». Se construit en tête de phrase.

Democracy in most parts of Europe has shallow roots and a history of failure. In fact, until the Pax Americana that followed World War II, only a handful of European countries, most of them small, had democratic traditions.

La démocratie dans la plupart des pays européens est superficiellement enracinée et a connu l'échec. En fait, jusqu'à la Pax Americana qui a suivi la Seconde Guerre mondiale, seul un nombre très réduit d'entre eux, petits pour la plupart, avait une tradition démocratique.

It is deemed by the Treasury that inheritance tax yields £1.2 billion per year. In fact, this claim is wrong.

Le Trésor Public estime que les droits de succession rapportent à l'État 1,2 milliard de livres. En réalité ces chiffres sont faux.

MOREOVER

Political decentralisation is no guarantee of democracy. Local politics are frequently even more corrupt than national politics. Moreover, much of what passes for decentralisation is a kind of pseudo-decentralisation for the benefit of the centralisers.

La décentralisation politique n'est pas une garantie de vie démocratique. La politique locale est souvent plus corrompue encore que la politique nationale. De plus, ce qui passe pour de la décentralisation est le plus souvent une pseudo-décentralisation qui fait le jeu des organismes centralisateurs.

NOR

Conjonction de coordination qui sert à relier deux phrases négatives (= and not). Se place en tête et entraîne une inversion de l'ordre normal sujet + verbe :

The family values of the Victorian working-class may not be ours; but neither were they as oppressively patriarchal as they have been made out to be. Nor was working-class life the unrelieved, joyless toil one might think it.

Les valeurs familiales de la classe ouvrière victorienne ne sont peut-être pas les nôtres ; mais elles n'étaient pas aussi tyranniques et patriarcales qu'on a voulu le faire croire. Et la vie de la classe ouvrière n'était pas un labeur incessant et sans joie comme on pourrait le croire.

B. Étoffement par illustration ou parallèle

For instance / example, for one thing, similarly, likewise

FOR EXAMPLE

Other societies draw on constitutional documents in a similar manner or – like Britain, for example – have a set of framing laws, even if these laws are not formally ensconced in a constitution.

D'autres sociétés se fondent de façon similaire sur des documents constitutionnels, ou, comme la Grande-Bretagne, ont un ensemble de lois dominantes, même si ces lois ne sont pas formellement inscrites dans la constitution.

LIKEWISE

If you look back at the occasions when the Princess Royal has made the headlines, it is nearly always in a speech, on her own terms. Likewise if you look back at photographs they will show her doing something, or meeting someone.

Quand la princesse Anne fait les titres des journaux, c'est toujours à l'occasion d'un discours, dans des circonstances voulues par elle. De la même façon, si vous regardez les photographies où elle figure, elle est toujours en train de faire quelque chose ou de rencontrer quelqu'un.

C. Conséquence

Consequently, in consequence, finally, hence, so, therefore

IN CONSEQUENCE

Today we are leaving industrialism behind and rapidly becoming a de-massified society. In consequence, it is growing increasingly difficult to mobilise a majority.

Aujourd'hui, nous abandonnons l'époque industrielle, et nous devenons une société démassifiée. En conséquence, il devient de plus en plus difficile de mobiliser une majorité.

THEREFORE

The Spanish Americans are sensitive to the slightest suggestion of criticism. Confrontations are therefore to be avoided at all costs.

THUS

Today's political arrangements violate this principle [switching the site of decision-making] wildly. The problems have shifted, but the decisional power hasn't. Thus, too many decisions are still concentrated in the hands of the few.

Aujourd'hui l'organisation politique met à mal ce principe. Les problèmes se sont déplacés, mais le pouvoir de décision n'a pas suivi. Ainsi, trop de décisions sont concentrées entre les mains de quelques-uns.

D. Opposition

But, conversely (inversement), however, nevertheless, notwithstanding, on the contrary, still, yet

CONVERSELY

So frightening is the prospect of deep political change, that the status quo suddenly seems like the best of all possible worlds. Conversely we have in every society a fringe of pseudo revolutionaries.

La perspective de bouleversement politique est si inquiétante que le statu quo apparaît comme la meilleure solution possible. Inversement, il y a dans toutes les sociétés une frange pseudo-révolutionnaire.

HOWEVER

La place dans la phrase peut varier, après le sujet, après le verbe, ou, comme ici, entre l'auxiliaire et le verbe.

The growing preoccupation with reducing costs and increasing efficiency is good for both providers and receivers of health care. It should not, however, skew our judgment about the role of information in health care.

La préoccupation croissante du pouvoir de réduire les coûts et d'améliorer l'efficacité du système est bénéfique pour le personnel de santé comme pour les malades. Elle ne devrait cependant pas biaiser notre jugement sur le rôle de l'information dans les soins de santé.

NEVERTHELESS

The Eskimos are frequently cited as having developed a very refined technical and behavioural response to each other as well as to their environment. Nevertheless, analysis of their myths and dreams left a deep impression on me and the uneasy feeling that the Eskimo was still in the process of trying to adjust himself to his culture.

On se réfère souvent aux Esquimaux et à leur adaptation particulièrement raffinée sur le plan technique comme sur le plan comportemental au milieu naturel et au milieu social. Cependant une analyse plus poussée de leur mythologie m'a donné la fâcheuse impression que l'Esquimau était encore en train d'essayer de s'adapter à sa propre culture.

ON THE CONTRARY

The Victorians were not hypocrites in the sense of pretending to be more virtuous than they were. On the contrary, they deliberately confessed to their sins.

Les Victoriens n'étaient pas des hypocrites dans le sens où ils ne faisaient pas semblant d'être plus vertueux qu'ils n'étaient en réalité. Au contraire, ils avouaient ouvertement leurs fautes.

YET

Surely we don't need computers forcing our brains to read textual communications. Telegraphy accomplished the same objective a century ago! Yet this is what goes on today with 95 percent of the world's computer network activities.

Il est évident que nous n'avons pas besoin d'ordinateurs qui nous forcent à déchiffrer des textes chiffrés. Le télégraphe a réalisé cet objectif il y a un siècle. Et pourtant, c'est ce qui ce passe aujourd'hui dans 95 % des activités informatiques dans le monde.

E. Concession

Although, though, while / whereas, no matter what / however + adverbe ou adjectif

THOUGH

This approach simplifies the difficulties, though it may place extra constraints on kitchen space.

Cette démarche aplanit les obstacles, mais elle augmente les contraintes sur la surface consacrée à la cuisine.

WHEREAS/WHILE

Sex ensures the survival of the individual; it is not essential to the survival of the individual, whereas learning is absolutely necessary to ensure the survival of the individual, and the culture, and the species.

La sexualité assure la survie de l'individu ; elle n'est pas essentielle à sa survie, tandis que l'apprentissage est indispensable pour assurer la survie de l'individu, d'une culture et de l'espèce.

While the evidence is convincing, this is not the whole story.

Les preuves sont convaincantes, mais ce n'est pas suffisant.

NO MATTER...

No matter what one does or how hard one tries, it is exasperating when the system doesn't produce.

Quoi qu'on fasse, et quels que soient les efforts accomplis, il est irritant de voir le système inopérant.

HOWEVER

However much we may be impressed by the literature of our language, we ought not to forget the importance of speech.

Même si nous sommes très impressionnés par l'écrit, nous ne devons pas oublier l'importance de la langue orale.

F. Cause

Because, for, since

BECAUSE

Because culture has not considered play important, the only studies on this subject are recent.

Parce que la culture n'a pas accordé d'importance au jeu, les seules études sur le sujet sont récentes.

Notez l'ordre des propositions (la subordonnée causale avant la principale) et la mise en relief qui en résulte.

FOR

The language family is often illustrated by a family tree. But this genealogical model can be most misleading. For every language is a complete hybrid deriving from a variety of sources.

La famille des langues est souvent illustrée par un arbre généalogique. Mais ce modèle peut être trompeur, car chaque langue est un hybride qui dérive de plusieurs sources.

Notez la mise en relief par la ponctuation (il faudrait en bonne logique, une virgule et non un point entre les deux dernières phrases).

SINCE

I have resisted the term « sociolinguistic » for many years, since it implies that there can be a successful linguistic theory which is not social.

Je résiste au terme « sociolinguistique » depuis longtemps car il implique qu'il peut exister une théorie linguistique valable qui ne fasse pas entrer de facteur social.

G. Hypothèse

If, unless

IF

If there is to be a true information revolution, then computers will have to repeat the pattern with information and information work.

S'il doit y avoir une véritable révolution informatique, les ordinateurs devront répéter le modèle avec l'information et le travail sur l'information.

« *Then* » renforce l'aspect formel de cette hypothèse (si... alors).

UNLESS

It is very difficult, unless you are a fluent reader, to talk knowingly of the cultural fashions of the day.

H. Prise de distance et élargissement (« *assessment* ») ; utile pour conclure

All in all, by and large, finally, on the whole, in short

BY AND LARGE

Surely nationalities are not the same as ethnic minorities in America, let alone women. By and large, people of different nations still speak different languages, have different tastes in foods, and share distinct histories and myths. These distinctions, however, are becoming fuzzier all the time. To a certain extent, especially in the richer countries, we are all becoming minorities in an Americanised world.

Sans doute les nationalités ne peuvent être comparées aux minorités ethniques aux États-Unis, encore moins aux femmes. En général, les divers peuples parlent des langues différentes, ont chacun leur propre cuisine, et chacun leur propre histoire et leurs propres mythes. Pourtant ces distinctions tendent à se brouiller. Dans une certaine mesure, surtout dans les pays riches, nous devenons tous des minorités dans un monde américanisé.

FINALLY

N'a pas qu'un sens temporel. Introduit la conclusion d'une analyse.

Finally, and I think this goes to the heart of the matter, we should recognise that truth is not just a point of view.

Finalement, et je pense que cela va au cœur du problème, nous devons reconnaître que la vérité n'est pas seulement un point de vue.

3. Améliorez votre style en variant les constructions

Les copies de candidats sont souvent très pauvres quant à la construction des phrases. Beaucoup d'entres elles se limitent au schéma Sujet + Verbe + Complément.

Essayez dès maintenant d'enrichir votre expression en ayant recours à des phrases un peu plus complexes. Attention cependant à ne pas abuser de telle ou telle structure que vous aimez bien, en la répétant plusieurs fois dans le même essai.

NOT ONLY...

Toujours en début de phrase (non seulement... mais). Se construit avec la forme d'insistance (emploi de *do/does/did*) et une inversion sujet-verbe.

Not only does this strike hit all commuters (les banlieusards) but it hampers industry as a whole.

Not only is the journalist biased against immigrants, but he is dishonest.

NO MATTER... WHAT/WHERE/HOW/WHEN/WHO/WHETHER ETC.

Peu importe ce que, où, comment, quand etc.

No matter what region, women are most vulnerable to economic downturns.

Quelle que soit la région, les femmes sont très vulnérables aux difficultés économiques.

No matter whether the strikers are right or not, we must try to understand their motivations.

Peu importe si les grévistes ont raison ou non, il nous faut essayer de comprendre leurs motifs.

SUBORDONNANTS EN -EVER : WHATEVER/WHEREVER/WHOEVER/ HOWEVER...

Whatever concessions the EU may propose, Britain will always remain the odd-man-out.

Quelles que soient les concessions proposées par l'Union Européenne, l'Angleterre fera toujours bande à part.

Whatever long speeches he makes, he is hardly convincing.

Quelle que soit la longueur de ses discours...

Wherever you go, you will find MacDonald's restaurants.

Whoever is caught for a third offense will go to jail.

Qui que ce soit qui sera arrêté pour un troisième délit ira en prison.

However tempting the prospect of a single currency may be, some EU countries remain wary.

Aussi tentant que soit…

ADJECTIF + AS + SUJET + MAY

Paradoxical as it may seem... (ou tout autre adjectif) : aussi paradoxal que cela paraisse…

Improbable as they seem, these figures are right.

ADJECTIF + THOUGH + SUJET + VERBE

Slight though they may be, the signs of recovery are encouraging.

Aussi infimes qu'ils soient, les signes de reprise sont encourageants.

UNLESS... : À MOINS QUE

The farmers' demonstrations will not stop unless they are granted subsidies.

PROVIDED... : À CONDITION QUE, POURVU QUE

All applicants can be hired, provided they have the necessary qualifications.

Tous les postulants peuvent être engagés à condition qu'ils aient les qualifications nécessaires.

FOR FEAR THAT... + MIGHT / SHOULD : DE PEUR QUE

The Prime Minister has yielded for fear that social unrest might (should) spread.

Le Premier ministre a cédé de peur que le malaise social ne prenne plus d'ampleur.

ONCE... : UNE FOIS QUE

Once Nato had admitted that some east European republics could join, there was no reason why others should not follow suit.

Une fois que l'Otan avait admis que certaines républiques de l'Est pouvaient y entrer, il n'y avait pas de raison que d'autres n'en fassent pas de même.

NO SOONER... THAN : À PEINE... QUE

No sooner had the press disclosed the nuclear test than Greenpeace protested.

La presse avait à peine révélé l'essai nucléaire lorsque Greenpeace a protesté.

HARDLY... WHEN : À PEINE... QUE

Hardly had lorry drivers put an end to their strike when bus drivers started theirs.

À peine les camionneurs avaient-ils mis fin à leur grève que les conducteurs de bus commencèrent la leur.

IF... + SHOULD (POUR UNE HYPOTHÈSE PEU PROBABLE) : AU CAS (PEU PROBABLE) OÙ...

If the supply of hard drugs were to be stamped out it would be replaced by the black market.

Si l'approvisionnement en drogues dures était supprimé, il serait remplacé par le marché noir.

ALL THE MORE + ADJECTIF LONG +... *AS* : D'AUTANT PLUS QUE

The backlash was all the more dramatic as the catastrophe had hit large cities.

Les répercussions furent d'autant plus dramatiques que la catastrophe avait touché des grandes villes.

ALL THE + ADJECTIF COURT + ER... AS

The birth rate is all the higher as the country is economically destitute.

Le taux de natalité est d'autant plus élevé que le pays est économiquement pauvre.

COMPARATIF PROGRESSIF : THE MORE... THE MORE (THE LESS) + ADJECTIF LONG OU ADVERBE

The more they demand the less they will obtain.

N.B. : Souvent le verbe est occulté dans ce genre de construction.

The more qualified the applicant, the higher his salary.

SO / SUCH... THAT

The government has launched such an efficient campaign that the number of drug addicts has dwindled.

Le gouvernement a lancé une campagne si efficace que le nombre de drogués a baissé.

Comment les correcteurs notent-ils les essais ?

Il est très difficile de dissocier le fond et la forme. Malgré tout, on estime qu'environ la moitié des points est attribuée à la qualité de la langue (qualité du vocabulaire, de la grammaire, de la syntaxe) et que l'autre moitié est attribuée au fond : qualité de l'argumentation et des exemples avancés, mais aussi structure de l'essai (introduction, développement, conclusion).
Les discours stéréotypés ainsi que les expressions « plaquées » sont peu appréciés. Ceci n'est pas étonnant : les examinateurs cherchent à juger vos qualités personnelles d'expression et de réflexion. Comment y parvenir si votre essai est un catalogue de structures apprises par cœur et replacées tant bien que mal dans votre essai, quel qu'en soit le sujet ?

2e PARTIE

LES ÉPREUVES

Sesame
Acces
Team
Ipag
Prism
Pass

LE CONCOURS SESAME

LE FORMAT DE L'ÉPREUVE SESAME

Durée : 90 minutes

L'épreuve se compose de trois parties distinctes :

1. Expression Écrite

- Deux sujets au choix
- Le sujet doit être traité en 250 mots avec une tolérance de plus ou moins 10 % (soit entre 225 et 275 mots)
- L'essai représente 60 % de la note finale

2. QCM de Structures

- 30 questions
- 4 propositions pour chaque question
- Il ne peut y avoir qu'une seule réponse juste pour chaque question
- 1 point par bonne réponse
- 0 pour une réponse fausse ou l'absence de réponse
- Les QCM de structures représentent 25 % de la note finale

3. QCM de Compréhension

- Un texte d'environ une page
- 8 affirmations sur des aspects généraux ou ponctuels du texte
- 4 propositions pour chaque affirmation
- Il ne peut y avoir qu'une seule réponse juste pour chaque affirmation
- 1 point par bonne réponse
- 0 pour une réponse fausse ou l'absence de réponse
- Les QCM de structures représentent 15 % de la note finale

ÉPREUVE D'ENTRAÎNEMENT SESAME 1

Le candidat traitera l'un des sujets suivants en 250 (deux cent cinquante) mots. On tolère un écart de 10 % en plus ou en moins (225 mots minimum, 275 mots maximum).

Le candidat indique le numéro du sujet choisi et le nombre de mots de son essai à l'endroit prévu sur la copie.

Important: tout essai hors sujet sera sanctionné par la note zéro.

1. Partie 1

Sujet n° 1 :

Obesity is said to be taking on epidemic proportions in many countries. Do you see it as a problem ? What are the main causes, and how do you think it can be avoided ?

Sujet n° 2 :

With more and more multinational companies appearing, and more foreign products and food available in the shops, do you think your culture is in danger? Give examples for your opinion.

2. Partie 2

1. I have no money. Is there a ..... near here?

A. money box B. cash dispenser C. ticket machine D. bank box

2. If your directions had been clearer, I ..... your house sooner.

A. had found B. would find C. would have found D. will find

3. The doctor tells me I must stop ..... .

A. to smoke B. smoking C. smoke D. to smoking

4. My brother doesn't really enjoy school. He's really ..... with it.

A. had up B. gone up C. got up D. fed up

5. If you don't concentrate, you risk ..... this exam!

A. failing B. fail C. to fail D. to failing

6. She ..... very hard to have finished the house in such a short time.

A. ought work B. should work C. worked D. must have worked

7. I ..... a good skier, but I'm getting a bit old now.

A. am used to being B. used C. used to be D. was used to be

8. I have a little money put ..... for my retirement.

A. back B. aside C. down D. off

9. Never in a million years ..... expected him to win.

A. I would have B. I C. would I have D. I had

10. Beckham has ..... 27 goals already this season.

A. marked B. scored C. done D. cut

11. I couldn't catch the plane because I'd forgotten my ..... card.

A. PX B. CD C. KP D. ID

12. I don't like these clothes any more. I think I'll give them ..... to charity.

A. away B. up C. back D. over

13. If I drink too much coffee, it makes me ..... .

A. runny B. jumpy C. hoppy D. skippy

14. Patrick thinks my job is much better than his, but the grass is always ..... on the other side.

A. longer B. better C. richer D. greener

15. I hate this house. I won't ..... a minute longer.

A. put up with it B. put it up with C. stand it by D. stand by it

16. I will call you as soon as ..... the information.

A. I will have B. I have C. I am having D. I am going to have

17. "Would you like milk in your coffee ?" "Yes, please. Just ..... ."

A. a small B. little C. a little D. a few

18. It's high time you .....to bed.
A. should go B. go C. will go D. went

19. Do you want .....get you a cup of tea ?
A. me to B. I C. that I D. I should

20. I'm going to give ..... playing golf because I'm not happy ..... my game.
A. over/with B. up/ with C. up/for D. back/for

21. My father lived in this house ..... 30 years.
A. since B. for C. during D. while

22. I ..... you the information when you ..... me the money.
A. will give/will give B. give/will give C. will give/give D. give/are giving

23. Because of rain, the match has been ..... until next week.
A. put off B. put over C. put down D. put on

24. He gave me ..... about investing money.
A. many advices B. a lot of advices C. lots of advice D. several advice

25. ..... has been spent on new roads.
A. Fifty millions of euros B. Fifty millions euros C. Fifty million of euros
D. Fifty million euros

26. I like watching foreign films, but it helps when there are ..... .
A. subtitles B. undertitles C. headlines D. sub headings

27. I really like Neville; there's never a ..... when he's around.
A. dull moment B. dim minute C. dark time D. damp second

28. I arrived in France.....
A. 15 years ago B. there is 15 years C. there are 15 years D. for 15 years

29. My new car is so fast, it can even ..... a BMW.
A. undertake B. double C. bypass D. overtake

30. Three hundred students ..... this exam, but only fifty ..... it.

A. passed/succeeded B. took/passed C. passed/had

D. took/succeeded

3. Partie 3

Facing an e-waste mountain

Nearly every time a new electrical item is bought, an old one needs disposing of. But are we doing so properly ? Four million phones have been sold this Christmas, which means another four million are probably no longer used. Most are destined for the rubbish bin, with the potato peelings and chocolate wrappers. And like all household waste, they end up in the ground. Teenagers get a new phone very 11 months, adults every 18 months. A total of 15 million handsets are replaced each year.

It is estimated that 200 million electrical items per year end up in non-hazardous landfill sites, so there could be six million items buried across the UK. Electrical items are not dangerous while they're in one piece, but in the ground toxic substances like nickel, cadmium or lead can leak out. Special hazardous landfills protect against this.

Only 15% of mobile phones are recycled, partly because people are unaware of schemes such as Foneback, which repairs phones and redistributes them around the world. If they're beyond repair, then the gold and plastic can be extracted.

An EU directive known as WEEE which comes into force next August places the onus on electrical manufacturers to recycle items returned to them. But consumers are not duty-bound to return items. Phil Conran from Biffa Waste Services says the waste industry is not ready to deal with the increase in demand because the government has not converted the EU directive into a set of UK regulations. "The difficulty we have is investing in something which at this stage is largely unknown. We don't know the standards, we don't know when and we don't know how. We're in danger of seeing another fridge situation developing."

Recently, in Manchester, 120,000 fridges stacked up because the contractor which collected them went bust and left them dumped in a storage yard. Claire Wilton, senior waste campaigner at Friends of the Earth says: "It's a rapidly growing waste stream, faster than average household waste because people are continually replacing out-of-date equipment." One proposal put to ministers, she says, is for a national clearing house which will be responsible for a system of collection points throughout the country, with electrical companies sharing the duty of taking the goods away. Electrical firms say the directive will cost the industry huge amounts –one estimates 30m euros a year every year.

A BBC investigation found that unscrupulous waste dealers are involved in a lucrative but illegal racket sending goods abroad to the developing world. In parts of China and India, workers are exposing themselves to dangerous substances as they break down by hand the items imported from Europe and the US. Many are poorly paid and wear no protective clothing or masks. The penalties for this kind of trade are stiff but the authorities have difficulty tracing the source because the goods come via the Middle East, where the documentation is altered. The Environment Agency says enforcement measures at British ports have been successful and are being stepped up.

There are steps already being taken in the design and content of electrical goods to make them more environmentally friendly. Elements like chromium, lead and cadmium are being eliminated from all products in the EU by 2006.

Adapted from an article published on 23rd December 2004 on BBC online

D'après le texte, pour chaque question, une seule proposition est correcte.

A. This article deals mainly with
- A. European directives.
- B. the recycling of mobile phones.
- C. the recycling of electrical products.

B. A. Many new mobile phones bought this year will remain unused.
- B. Many people bury unwanted phones.
- C. Many unwanted mobile phones are simply put in the rubbish bin.

C. A. Electrical items may become dangerous when they are buried.
- B. Electrical items are not hazardous.
- C. Nickel, cadmium and lead can react with electrical products in the ground.

D. A. Mobile phones are 15% recyclable.
- B. Unwanted mobile phones can be sold in other countries.
- C. People do not sell old phones because of the cost of repairing them.

E. A. The new EU law will be impossible to apply in the UK.
B. The new EU law will cause an increase in demand for electrical goods.
C. A new EU law will encourage manufacturers to recycle old electrical goods.

F. A. Recently an electrical company abandoned thousands of fridges.
B. The problem is caused by people changing old products for the latest model.
C. Companies which do not recycle their products will have to pay 30m euros.

G. A. Most electrical products are recycled in the developing world.
B. Many Chinese and Indian recycling companies work illegally.
C. It is cheaper to have electrical goods recycled in the developing world.

H. A. The British are trying to stop the import of electrical goods from the Middle East.
B. In the future, electrical goods will be less polluting.
C. Recycling will involve removing chromium and lead.

CORRIGÉ

1. Corrigé de la partie 1

Sujet n° 1

It is well known that many people in Western countries are too fat -"overweight" to put it politically correct- or even obese. Even if this phenomenon is widely spread in the US, most Western countries have to cope with this issue too. Is it so serious?

First I assume that obesity is not only an aesthetic question. Such slogans as "Big is beautiful" do not take into account the consequences on one's health. Obese people do get into trouble. They cannot expect to live as long as others, they are more likely to have heart attacks... In the long run, obesity might become a national concern and cost a lot. In everyday life, obese people often have a hard time: how do you get on a bus or a plane when you need two seats?

That is why I believe obesity should be considered as serious and treated as such. The causes are obvious: our modern way of life has led us to eat more, while making fewer efforts. Junk food has become a staple of Western life, television has replaced outdoor activities, driving is seen as the only way to move...

However we should not be too pessimistic, as more and more people seem to have grown aware of the issue. Even in the US, a new trend has appeared: better food, more exercise, a healthier life. Of course it will be a long time before things improve significantly. That is why I reckon the most important is to teach children about a healthful life. A few steps have been taken in France. This is certainly the wisest attitude to ensure a better future.

274 mots

Sujet n° 2

Many people blame the US for imposing its culture all over the world. It is a fashionable cliché to say our culture is in danger. From time to time, demonstrators try to remind us that we must fight against globalisation and foreign "invaders". What is the actual danger?

At first sight, this fear might seem justified. Every day small firms disappear because of the competition of multinational companies. Young people are keen on American food, American music and American films. We use more and more English words; the French language is no longer as important in the world as it used to be. Many items sold in France are actually made in Asian countries by ill-paid workers and are often of poor quality.

On second thoughts, however, the situation might not be so worrisome. We live in a world where communication is essential. I would regard this as positive rather than dangerous. We watch American films, so what? It does not prevent us from seeing French films, as well as Asian or South American films. It is not because eating in a Mac Donald's outlet is convenient that we cannot appreciate traditional French cooking. We cannot just live in our own world, cut off from the rest of the earth. We can know and even appreciate foreign culture while being aware of our belonging to certain traditions. There is no contradiction in this.

To put it in a nutshell, our culture is not in danger, it is up to us to safeguard it without refusing what the outside world may bring us.

262 mots

2. Corrigé de la partie 2

1=B	**11=D**	**21=B**
2=C	**12=A**	**22=C**
3=B	**13=B**	**23=A**
4=D	**14=D**	**24=C**
5=A	**15=A**	**25=D**
6=D	**16=B**	**26=A**
7=C	**17=C**	**27=A**
8=B	**18=D**	**28=A**
9=C	**19=A**	**29=D**
10=B	**20=B**	**30=B**

Commentaires

Les références NG dans les commentaires ci-dessous renvoient aux notes grammaticales dans la première partie de l'ouvrage.

1. *I have no money. Is there a cash dispenser near here?*

Réponse B

Il s'agit ici uniquement d'une question de vocabulaire. « *Money box* » désigne une tirelire et « *ticket machine* » un distributeur de tickets.

2. *If your directions had been clearer, I would have found your house sooner.*

Réponse C

Une phrase commençant par « *if* » et un irréel doit comporter dans la principale la marque du conditionnel, « *would* ». La réponse B est un conditionnel présent qui ne serait acceptable que dans une phrase comportant un prétérit (irréel du présent): *If your directions were clearer, I would find it*. Seule la proposition C (conditionnel passé) est logique dans cette phrase qui exprime un irréel du passé.

Reportez vous à la partie grammaticale : NG n° 117-118-119.

3. *The doctor tells me I must stop smoking.*

Réponse B

Dans ce cas, le verbe est nécessairement à la forme en *-ing*. Il faut se rappeler la différence entre la forme d'infinitif et le *-ing*. La première exprime un but (= pour), la deuxième une action déjà faite. C'est pourquoi certains verbes peuvent se construire des deux manières, selon le sens que l'on veut leur donner.

I like reading (= j'ai déjà lu et cela me plait = j'aime lire)

I'd like to read this book (= projet)

Remember to post this letter (= n'oublie pas)

I remember posting this letter (je l'ai fait)

Avec « *stop* », la forme en *-ing* traduit l'idée « arrêter **de** », ce qui est le sens ici. « *Stop to* » signifierait arrêter (ce que l'on est en train de faire) **pour** faire autre chose.

Ex. : *She was walking in the street and she suddenly stopped to look at a shop.*

4. *My brother does not really enjoy school. He's really fed up with it.*

Réponse D

Cette expression un peu familière (à éviter dans votre rédaction...) veut dire que l'on en a assez.

5. *If you don't concentrate, you risk failing this exam.*

Réponse A

Construction.

6. *She must have worked very hard to have finished the house in such a short time.*

Réponse D

La proposition A est incorrecte (*She ought **to** work*). La proposition B fait référence à la situation présente (= elle devrait travailler), ce qui n'est pas logique par rapport au reste de la phrase. La réponse C serait envisageable, mais on ne voit pas très bien l'intérêt de « *have finished* » (on dirait simplement: *she worked very hard to finish...*). Seule la réponse D est tout à fait satisfaisante, tant sur le plan de la grammaire que celui de la cohérence.

7. *I used to be a good skier, but I'm getting a bit old now.*

Réponse C

Il ne faut pas confondre deux structures très proches qui ont des sens différents :

« ***Used to*** » est une forme figée, toujours au passé, qui fait référence à quelque chose qui était vrai et qui ne l'est plus.

- *I used to live in London.* (= avant, autrefois. A ne surtout pas traduire par « J'avais l'habitude de »...)

« ***Be used to*** » peut se conjuguer à n'importe quel temps et a vraiment le sens de « être habitué ».

- *I am not used to driving big cars.* (Je n'ai pas l'habitude de conduire de grosses voitures.)

On peut aussi remplacer « *be* » par « *get* »:

- *You will get used to driving this car.*

La proposition D est donc incorrecte; la proposition A, correcte en théorie, n'a aucun sens (surtout avec la deuxième partie de la phrase).
Voir la partie grammaticale NG 76 et 77.

8. *I have a little money put aside for my retirement*.
Réponse B
Il s'agit de la traduction mot à mot du français « mettre de côté ». Les autres expressions n'auraient pas de sens ici :

- *put back* = remettre à sa place
- *put down* = poser
- *put off* = reporter

9. *Never in a million years would I have expected him to win.*
Réponse C

10. *Beckham has scored 27 goals already this season.*
Réponse B
to score gools = marquer des buts

11. *I couldn't catch the plane because I'd forgotten my ID card.*
Réponse D

12. *I don't like these clothes any more. I think I'll give them away to charity.*
Réponse A.
To give up = abandoner.

13. *If I drink too much coffee, it makes me jumpy.*

Réponse B

« *Runny* » signifie « liquide », « qui coule ». Les autres mots viennent tous de verbes signifiant « sauter », mais « *hoppy* » et « *skippy* » n'existent pas. Seul « *jumpy* » a le sens de « nerveux ».

14. *Patrick thinks my job is much better than his, but the grass is always greener on the other side.*

Réponse D

Traduction du français : l'herbe est toujours plus verte ailleurs.

15. *I hate this house. I won't put up with it a minute longer.*

Réponse A

to put up with = tolérer, supporter

16. *I will call you as soon as I have the information.*

Réponse B

Il n'y a jamais de futur après les conjonctions de temps (même pas « *going to* »). Dans la réponse C, on ne voit pas très bien l'intérêt de la forme en *-ing*.

NG 101.

17. « *Would you like milk in your coffee?* » « *Yes, please. Just a little* »

Réponse C

Les réponses A et D sont incorrectes grammaticalement: « *small* » est un adjectif qui doit être suivi d'un nom, « *few* » s'emploie uniquement avec des noms au pluriel (dénombrables). Quant à la proposition B, elle n'aurait pas de sens dans le contexte. Il faut se rappeler que « *a little* » a un sens positif, alors que « *little* » a plutôt un sens négatif. Comparez :

There is little hope (= la situation est désespérée : il a peu d'espoir)

There is a little hope (= on peut encore s'en sortir : il y a peu d'espoir)

18. *It's high time you went to bed.*

Réponse D

Il s'agit ici d'un prétérit modal, c'est-à-dire d'un irréel. Le passé indique une action non réalisée, comme dans les phrases commençant par « if ». En anglais, en dehors de ces phrases, le prétérit modal est également employé dans les structures suivantes :

- *I wish I had such a a beautiful car.*

- *It is (high) time you understood.*
- *I would rather you came.*

NG 122.

19. *Do you want me to get you a cup of tea ?*

Réponse A.

20. *I'm going to give up playing golf because I'm not happy with my game.*

Réponse B

Give up = abandonner, renoncer.

Give back = rendre

21. *My father lived in this house for 30 years.*

Réponse B

« *Since* » s'emploie avec un present perfect et indique un point de départ précis (= une date).

Ex. : *He **has lived** in this house since 1975.*

« *During* » signifie bien « pendant », mais doit être suivi, non d'une durée mais d'un « événement ».

Ex. : *He kept playing during the lesson.* (Il est à noter que cette règle a tendance à évoluer. Si vous lisez des journaux - surtout américains - vous avez déjà dû rencontrer « *during 30 years* ». Dans le cadre d'un concours, il est recommandé de s'abstenir...)

« *While* » signifie « pendant que » et doit être suivi d'une phrase.

Ex. : *I am watching TV while my wife is doing the washing up.*

Voir NG 82.

22. *I will give you the information when you give me the money.*

Réponse C

Il s'agit du même genre de phrase que dans la question 16.

NG 101.

23. *Because of rain, the match has been put off until next week.*

Réponse A

To put off = repousser

24. *He gave me lots of advice about investing money.*

Réponse C

« *Advice* » est un mot collectif, indénombrable qui ne s'emploie jamais au pluriel. Toutes les autres propositions sont donc incorrectes (« *several* » = « plusieurs », donc suivi d'un mot pluriel). Il est à noter que « *a lot of* » et « *lots of* » sont rigoureusement synonymes, et que le deuxième peut très bien s'employer avec un nom singulier indénombrable (« *lots of money* »).

25. *Fifty million euros have been spent on new roads.*

Réponse D

Les nombres sont invariables en anglais : *two hundred dollars, ten thousand pounds, five million people*.... La seule exception concerne les cas où le nombre exact n'est pas précisé :

Millions of people = des millions de gens.

NG 175 et 176.

26. *I like watching foreign films, but it helps when there are subtitles*.

Réponse A

27. *I really like Neville; there's never a dull moment when he's around*.

Réponse A

28. *I arrived in France 15 years ago.*

Réponse A

Inutile de rappeler que les propositions B et C sont des horreurs grammaticales... Quant à « for » (voir question 21), il signifie « pendant » et n'a donc pas de sens avec ce verbe. Mais on pourrait très bien avoir: *He has lived in France for 15 years.*

29. *My new car is so fast, it can even overtake a BMW.*

Réponse D

to undertake = entreprendre

to double = doubler (multiplier par deux)

to bypass = contourner, éviter

to overtake = doubler (dépasser)

30. *Three hundred students took this exam, but only fifty passed it.*

Réponse B

Ne pas oublier que « pass » est un faux-ami qui signifie « réussir » (un examen). « *Succeed* » se construit avec « *in* ».

3. Corrigé de la partie 3

A=B
B=C
C=A
D=B
E=C
F=B
G=C
H=B

Commentaires

A. *This article deals mainly with the recycling of mobile phones.*

Réponse B

La proposition A est trop générale (on parle d'une directive européenne, pas des directives européennes dans leur ensemble), de même que la réponse C. Seule la réponse B correspond au sujet principal du texte (« *mainly* »).

B. *Many unwanted mobile phones are simply put in the rubbish bin.*

Réponse C

« *Most are destined for the rubbish bin* ». La réponse A est absurde, les téléphones non utilisés sont les anciens que l'on a remplacés (« *no longer used* »). Dans la réponse B, ce ne sont pas les utilisateurs (« *people* ») qui enterrent eux-mêmes les téléphones.

C. *Electrical items may become dangerous when they are buried.*

Réponse A

« *In the ground toxic substances....can leak out* ». La proposition B est trop affirmative (« *not dangerous while they're in one piece,* ***but****...*). Quant à la réponse C, on ne parle pas de réaction dans le texte, mais simplement de fuite (« *leak* »).

D. *Unwanted mobile phones can be sold in other countries.*

Réponse B

Même si la réponse A reprend le même chiffre que le texte, elle est inexacte. « *15% of mobile phones* » = 15 % du nombre total des téléphones; « *15% recyclable* » = 15 % des composants d'un téléphone peuvent être recyclés. Quant à la proposition C, on ne parle pas dans le texte de coût, mais plutôt de manque d'information (« *unaware* »).

E. *A new EU law will encourage manufacturers to recycle old electrical goods.*

Réponse C

« *An EU directive....places the onus on electrical manufacturers...* ». La réponse A est trop catégorique (le texte parle de difficultés, pas d'impossibilité). Quant à la proposition B, le texte parle bien d'une augmentation de la demande, mais qui n'est pas en rapport avec la nouvelle directive européenne.

F. *The problem is caused by people changing old products for the latest model.*

Réponse B

« *People are continually replacing out-of-date equipment* »

G. *It is cheaper to have electrical goods recycled in the developing world.*

Réponse C

« *lucrative* ». Dans la réponse A, « *most* » ne correspond pas au texte; la proposition B n'est pas satisfaisante non plus (c'est l'envoi des produits vers les pays pauvres qui est illégal).

H. *In the future, electrical goods will be less polluting.*

Réponse B

La première phrase du dernier paragraphe résume cette idée. Notez l'expression politiquement correcte à la mode « *environmentally friendly* ». La réponse C pourrait sembler correcte, mais le texte parle de supprimer ces éléments dans la fabrication des produits, pas au moment du recyclage.

ÉPREUVE D'ENTRAÎNEMENT SESAME 2

1. Partie 1

Traitez en 200 à 250 mots l'un des deux sujets suivants. Indiquez le numéro du sujet choisi et le nombre de mots à l'endroit prévu sur la copie.

Tout essai hors sujet sera sanctionné par la note zéro.

Sujet n° 1 :

Public holidays such as Christmas, Halloween, Easter, etc... have become commercial events. Do you agree? Discuss.

Sujet n° 2 :

Some say the media is increasingly powerful in today's society. Give your opinion, with reasons.

2. Partie 2

1. The people ..... about being able to vote.

A. are excited B. are exciting C. is excited D. is exciting

2. If you stopped smoking, you ..... healthier.

A. will feel B. would feel C. would be feeling D. will be feeling

3. I won't be able to meet you next week, since I ..... in London for a few days.

A. will be staying B. will stay C. stay D. will have stayed

4. Next month I ..... Derek ..... 20 years.

A. know/for B. will have known/for C. will have been knowing/since
D. am have known/since

5. You ..... whisper. ..... can hear us.

A. needn't/Nobody B. mustn't/Nobody C. needn't/Somebody

D. mustn't/Somebody

6. We ..... into the state of the German car industry.

A. did some researches B. made some research C. made research
D. did some research

7. When I asked what was wrong, ...

A. I was explained the problem B. he had explained the problem to me
C. the roblem was explained to me D. he has explained me the problem

8. ..... to do in Glasgow ..... the Christmas holidays ?

A. What there are/during B. What is there/during C. What there is/at
D. What is there/at

9. She felt the mosquito ..... her.

A. bites B. to bite C. is biting D. bite

10. The company ..... doing a lot of ..... in South America.

A. is/ businesses B. is being/business C. are/businesses

D. is/ business

11. Paris is ..... .

A. the beautiful cities B. beautiful city C. the beautiful city

D. a beautiful city

12. We haven't got ..... left.

A. a butter B. any butter C. some butter D. the butter

13 ..... waiting to hear the results.

A. Everyone was B. All was C. Everyone were D. All will have

14. There is ..... evidence to support the claim.

A. little of B. few C. a few D. some

15. Do you know the date ..... we have to turn in the assignment ?

A. which B. to which C. by which D. when

16. She lives in the house ..... the green door.

A. with B. who has C. which with has D. with which has

17. I drank some ..... coffee.

A. good very Brazilian B. Brazilian very good C. very good Brazilian D. very Brazilian good

18. When he saw Susan ..... the room, he pushed his way ..... the crowd of people to get to her.

A. over/through B. across/across C. over/ along D. across/through

19. You returned the money .....?

A. hadn't you ? B. shouldn't you ? C. won't you ? D. didn't you ?

20. The millionaire donated 12 ..... dollars to the earthquake relief fund.

A. millions of B. millions C. million D. million of

21. Against her parents' wishes, she wants to be ..... .

A. the architect B. a architect C. architect D. an architect

22. I asked Claire to clean the car, and she did ..... .

A. a well job B. the job good C. the good job D. the job well

23. It's ..... disappointing.

A. very much B. very C. much D. too much

24. She felt good ..... the prize.

A. about win B. about winning C. to win D. with winning

25. Ten of us were taken ill ..... a party we were at in Sidney. I felt ill ..... a couple of days, but was fine after that.

A. for/during B. for/for C. during/during D. during/for

26. ..... people trying to get into the football stadium.

A. There were too much B. There was too many C. There were too many D. It was too many

27. I need to buy ..... .

A. a loaf bread B. a loaf of bread C. breads D. a bread

28. It's so boring here! Nothing ever happens in ..... place.

A. that B. these C. this D. those

29. I've got a meeting ..... Thursday afternoon ..... Harry's office ..... 3 o'clock.

A. at/in/at B. in/in/at C. on/at/on D. on/in/at

30. If ..... my passport, I'll be in trouble.

A. I lose B. I'll lose C. I lost D. I would lose

3. Partie 3

Back from the Dead

Scientists have re-created the deadly 1918 Spanish flu virus, to the alarm of many researchers who fear it presents a serious security risk. Unknown quantities of the virus are being held in a high-security government laboratory in Atlanta, Georgia, after a nine-year effort to rebuild the virus that quickly swept the globe and killed an estimated 50 million people.

The genetic sequence is also being made available to scientists online, a move that some experts fear adds a further risk of the virus being created in other labs. The virus was re-created in an attempt to understand what made the 1918 epidemic so devastating. Reporting in the journal Science, a team led by Dr. Jeffery Taubenberger in the USA shows that the re-created virus is extremely effective. When injected into mice, they started to lose weight rapidly, losing 13% of their original weight in two days. Within six days all mice injected with the virus had died.

In a comparison experiment, similar mice were injected with a contemporary strain or type of flu. Although they lost weight initially, they recovered. Tests showed that the Spanish flu virus multiplied so rapidly that after four days mice contained 39,000 times more flu virus than those injected with the more common strain of flu.

The publication of the work and the registration of the virus's genetic make-up on an online database followed an emergency meeting last week by the U.S. National science Advisory Board for Biosecurity, which concluded that the benefits of publishing the work outweighed the risks. Many scientists remained sceptical. "Once the genetic sequence is publicly available, there's a theoretical risk that any molecular biologist with sufficient knowledge could recreate this virus" said D. John Wood, a UK-based virologist.

Only a handful of scientists can access the Atlanta laboratory. Before entering, they must pull on a protective hood, put on breathing apparatus and pass through electronic fingerprint and retina scanners to prove their identity.

The re-creation process was laborious. Scientists collected fragments of the virus from lung tissue taken from victims at the time and preserved in formalin. Using the fragments, they painstakingly rebuilt the virus from scratch.

In a second paper, published in Nature last week, Taubenberger and his colleagues analysed the genetic make-up of the re-created virus. Surprisingly, they found it had no similarities to any of the human viruses in circulation, suggesting that the Spanish flu had jumped from birds to humans and did not mix with a human virus first, as had been believed. The finding that Spanish flu came straight from birds has raised concerns among scientists. Previously, a pandemic was thought likely only if an avian strain merged with a human flu virus.

According to Taubenberger, knowing what mutations gave rise to the 1918 Spanish flu virus will help scientists check viruses to work out which, if any, are evolving to the point where a pandemic is possible. The H5N1 strain of bird flu in Asia is already mutating which can make it more suited to infecting humans, he said.

Viruses have escaped from high-security labs before. During the recent SARS epidemic, the virus escaped at least twice, once in Taiwan and once in Singapore, when researchers became contaminated. Other scientists warned that the 1918 virus's genetic code could easily be misused. But some scientists believe a pandemic is unlikely even if the virus escapes, because of most people's natural immunities and the availability of antiviral drugs and flu vaccines.

Adapted from The Guardian Weekly.

D'après le texte, pour chaque question, une seule proposition est correcte.

A. This article mainly focuses on...

A. recreating the Spanish flu virus.

B. finding out why the Spanish flu virus was so deadly.

C. publishing the genetic sequence on-line.

B.

A. Some experts are worried about the virus escaping the lab.

B. Experts are not worried that the virus could mutate.

C. Experts are worried that the virus could be used as a weapon.

C.

A. The scientists recreated the virus by using the victims' DNA.

B. Computer data were used by scientists to recreate the virus.

C. The virus was recreated from human tissue.

D.

A. The scientists discovered that the virus was more deadly than they thought.

B. The virus was discovered to be as lethal as previously thought.

C. The scientists were surprised to discover that it was less lethal.

E.

A. The Spanish flu virus is related to the H5N1 virus.

B. The H5N1 virus has evolved into a pandemic.

C. The Spanish flu virus is unrelated to present human viruses.

F.

A. Viruses rarely escape from laboratories.

B. The Spanish flu virus is compared to the SARS virus.

C. A pandemic is likely to occur when or if the virus escapes.

G. After being injected with the Spanish flu virus,....

A. experimental mice lost weight and recovered.

B. all mice died in two days.

C. the mice lost weight and died.

H.

A. Many scientists in the Atlanta laboratory have access to the virus.

B. Precautions have been taken to reduce the probability that the virus will sweep the globe.

C. Owing to the lack of anti-viral drugs, a pandemic is likely if the virus escapes.

CORRIGÉ

1. Corrigé de la partie 1

Sujet n° 1

Some twenty years ago, most French people did not even know the word "Halloween". Today it is known to all children and commercialism is once again blamed. Can we say public holidays have become nothing but commercial events ?

It cannot be denied the commercial aspect is important. Shopkeepers take advantage of anything they can and we only have to look at their windows: Halloween in October, Christmas often as early as November, then Easter, not very far away... Of course the idea is to sell as many items as possible.

Our great grandparents used to tell us about a time when they were given an orange for Christmas (many people will tell you that children were not less happy at that time). It is true that children -even adults- seem to be more and more demanding. Every year, the amount of money spent on presents is increasing: expensive toys, sophisticated games, latest technology items are common Christmas presents. Easter has often lost its religious meaning and for many children it is only a day when they pick up chocolate eggs in the garden. And who cares about the sense of Halloween?

However, I am not sure we should blame shopkeepers or anybody else for being obsessed by money. I assume it is more a general trend. We tend to live better and spend more money. It may have drawbacks, but advantages too. And anyway, whoever wants to be given an orange for Christmas ?

247 mots

Sujet n° 2

The media are often dubbed "the fourth power" and this phrase shows how powerful they can be in our modern world. Is this power increasing?

The fact is modern technology enables us to have access to more and more maens of communication. In the past, newspapers used to be the only medium, then the radio was born, television and now we have the Internet. Given the multiplicity of the media, they necessarily have influence on our lives. It is obvious that somebody appearing in a television programme -whether he is a politician, a writer or a singer- will make himself heard. Many people will believe an absurd piece of news just because it was printed in a tabloid. It is true that sometimes the media can make us believe anything and that is a token of their power. Of course this power can also be positive:

many scandals would not be made public if the media had not talked about them.

On the other hand I would not say the media are all mighty, precisely because they are so numerous. Television had certainly more influence at the time when there were only a few channels. Even if they enjoy reading them, few people believe what is written in tabloids.

Even if it is true the media have a lot of influence (such programmes as Fame Academy can make somebody famous overnight), it remains that their power is not endlessly growing.

240 mots

2. Corrigé de la partie 2

1=A	**11=D**	**21=D**
2=B	**12=B**	**22=D**
3=A	**13=A**	**23=B**
4=B	**14=D**	**24=B**
5=A	**15=D**	**25=D**
6=D	**16=A**	**26=C**
7=C	**17=C**	**27=B**
8=B	**18=D**	**28=C**
9=D	**19=D**	**29=D**
10=D	**20=C**	**30=A**

Commentaires

Les références NG dans les commentaires ci-dessous renvoient aux Notes Grammaticales dans la première partie de l'ouvrage.

1. *The people are excited about being able to vote.*

Réponse A

« *People* » est un mot pluriel. Il faut bien faire la différence entre les adjectifs en « *ing* » (correspondant au français « ant ») et les adjectifs issus de participes passés. Comparer :

- *This film is very interesting. The people were interested.*
- *This man is boring. The audience was bored.*

2. *If you stopped smoking, you would feel healthier.*

Réponse B

Le passé après « *if* » (irréel) oblige à employer un conditionnel. On pourrait aussi avoir :

- *If you stop smoking, you will feel healthier.*

3. *I won't be able to meet you next week, since I will be staying in London for a few days.*

Réponse A

La concordance des temps oblige à employer le futur. La forme en *-ing* se justifie dans le contexte.

4. *Next month I will have known Derek for 20 years.*

Réponse B

« *Since* » ne peut s'employer ici, car il doit être suivi d'une date précise (*since January, since Christmas...*). « *Next month* » oblige à employer le futur, mais il faut également « *have known* » pour que « *for* » traduise « depuis ». À noter que des verbes comme « *know* » ne se conjuguent pas normalement en *-ing*.

5. *You needn't whisper. Nobody can hear us.*

Réponse A

Se rappeler que « *mustn't* » traduit une interdiction. NG n° 126 à 129.

6. *We did some research into the state of the German car industry.*

Réponse D

7. *When I asked what was wrong, the problem was explained to me.*

Réponse C

La concordance des temps interdit de choisir la réponse B ou la D. La formule employée en A n'est pas acceptable avec « *explain* ».

8. *What is there to do in Glasgow during the Christmas holidays?*

Réponse B

Il est nécessaire d'employer une forme interrogative. « *At* » ne serait acceptable que dans l'expression « *at Christmas* ».

9. *She felt the mosquito bite her.*

Réponse D

Les verbes de perception (*see, hear*…) sont suivis d'une base verbale ou éventuellement d'une forme en *–ing*. (*I saw her leaving*).

10. *The company is doing a lot of business in South America.*

Réponse D

Au sens « affaires », « *business* » est un indénombrable (donc invariable). « *Businesses* » aurait le sens « entreprises ». La forme verbale en B n'est pas acceptable.

11. *Paris is a beautiful city.*

Réponse D

12. *We haven't got any butter left.*

Réponse B

« *Butter* » est un indénombrable, ce qui empêche de choisir la réponse A. On ne voit pas très bien le sens de « *the* » (réponse D. ici. Enfin, dans une phrase négative, il faut employer « *any* » et non « *some* ».

13. *Everyone was waiting to hear the results.*

Réponse A

« *Everyone* » se construit avec un verbe au singulier. Au contraire, « *all* » demanderait un pluriel.

14. *There is some evidence to support the claim.*

Réponse D

« *Evidence* » est un indénombrable, ce qui ne permet pas d'employer « *few* » ou « *a few* ». On dirait « *little* » et non « *little of* ».

15. *Do you know the date when we have to turn in the assignment*?

Réponse D

16. *She lives in the house with the green door.*

Réponse A

« *Who* » est un relatif ayant pour antécédent une personne (ici, il faudrait « *which* »). Les réponses C et D n'ont aucun sens.

NG n° 144 à 149.

17. *I drank some very good Brazilian coffee.*

Réponse C

Il faut tout de suite éliminer les réponses A et D (« très brésilien » n'a aucun sens). Il reste ensuite à régler l'ordre des adjectifs. L'anglais procède à l'inverse du français : les adjectifs vont du moins important (ou du moins objectif) au plus important pour arriver au mot principal. Ici, il est essentiel (et indiscutable) que le café soit brésilien. « *Very good* » n'est qu'une opinion (qui n'est pas forcément celle de tout le monde).

On peut se rappeler ainsi l'ordre des adjectifs :

A big new red American car (taille/âge/couleur/nationalité).

18. *When he was Susan across the room, he pushed his way through the crowd of people to get to her.*

Réponse D

19. *You returned the money, didn't you?*

Réponse D

Le verbe étant au passé, c'est l'auxiliaire « *did* » qui doit être repris.

20. *The millionaire donated 12 million dollars to the earthquake relief fund.*

Réponse C

Les nombres sont invariables en anglais. La réponse A serait acceptable s'il n'y avait pas « 12 ». (*millions of dollars* = des millions de dollars).

NG 175 et 176.

21. *Against her parents' wishes, she wants to be an architect.*

Réponse D

L'article indéfini est nécessaire devant les noms de professions. Le mot commençant par une voyelle, « *a* » devient « *an* ».

22. *I asked Claire to clean the car, and she did the job well.*

Réponse D

Il faut faire la différence entre « *good* » (= bon) et « *well* » (= bien). On fait un bon travail, ou on fait bien son travail. Il faut veiller à l'ordre des mots : si on emploie « *good* » (adjectif), il doit être placé avant le nom (*a good job*). Si on emploie « *well* » (adverbe), il doit être placé en fin de phrase, car on n'a pas normalement le droit de séparer le verbe de son complément direct. Dans la réponse C, on ne voit pas bien le sens de « *the* ».

23. *It's very disappointing*.

Réponse B

« *Much* » doit être suivi d'un nom.

24. *She felt good about winning the prize*.

Réponse B

25. *Ten of us were taken ill during a party we were at in Sidney. I felt ill for a couple of days, but was fine after that*.

Réponse D

Ces deux mots signifient « pendant ». « *For* » est suivi d'une durée, alors que « *during* » est suivi d'un événement (*during the holidays, during the lesson*...)

26. *There were too many people trying to get into the football stadium*.

Réponse C

Comme nous l'avons déjà dit, « *people* » est un mot pluriel, ce qui oblige à employer un verbe au pluriel avec « *many* » (et non « *much* »).

27. *I need to buy a loaf of bread*.

Réponse B

« *Bread* » est indénombrable, ce qui interdit de choisir C ou D. « *Loaf* » est le mot à employer avec « *bread* » et il doit être suivi de « *of* ».

28. *It's so boring here ! Nothing ever happens in this place*.

Réponse C

Bien évidemment, les réponses B et D sont incorrectes (ces démonstratifs s'emploient avec des noms au pluriel). Choisir entre « *this* » et « *that* » est toujours très délicat. En toute rigueur, il faut ici retenir « *this* » à cause du mot « *here* » (endroit proche), alors que « *that* » serait plutôt associé à « *there* » ou « *over there* ». Ceci étant dit, « *that* » serait tout à fait correct, d'autant plus qu'il peut avoir un sens péjoratif, ce qui se justifierait ici. En cas de doute, choisissez donc la solution la plus « bêtement » grammaticale...

29. *I've got a meeting on Thursday afternoon in Harry's office at 3 o'clock*.

Réponse D

30. *If I lose my passport, I'll be in trouble*.

Réponse A. Se reporter à la question 2.

3. Corrigé de la partie 3

A=A
B=C
C=C
D=A
E=C
F=B
G=C
H=B

Commentaires

A. *This article mainly focuses on recreating the Spanish flu virus.*

Réponse A

Le sujet est clairement annoncé dans le premier paragraphe (« *a nine-year effort to rebuild the virus* »). Les autres propositions sont bien mentionnées, mais ce ne sont pas les sujets principaux (« ***mainly** focuses*… »).

B. *Experts are worried that the virus could be used as a weapon.*

Réponse C

« *could easily be misused* ».

C. *The virus was recreated from human tissue.*

Réponse C

« *lung tissue taken from victims* ».

D. *The scientists discovered that the virus was more deadly than they thought.*

Réponse A

Les descriptions alarmistes permettent d'écarter la réponse C. « *Surprinsingly* » permet de choisir la proposition A.

E. *The Spanish flu virus is unrelated to present human viruses.*

Réponse C

« *It had no similarities to any of the human viruses in circulation.* »

F. *The Spanish flu virus is compared to the SARS virus.*

Réponse B

On peut ici procéder par élimination. Le début du dernier paragraphe permet d'écarter la réponse A (« *before* » et « *at least twice* » contredisent « *rarely* »). La proposition C est contredite par : « *A pandemic is unlikely even if the virus escapes* ».

G. *After being injected with the Spanish flu virus, the mice lost weight and died.*

Réponse C

C'est ce qui est décrit dans le deuxième paragraphe (« *lose weight rapidly* » « *all mice had died* »).

H. *Precautions have been taken to reduce the probability that the virus will sweep the globe.*

Réponse B

La proposition A est contredite par le texte (« *Only a* ***handful*** *of scientists can access*... »), de même que la réponse C (« *a pandemic is unlikely*... »).

LE CONCOURS ACCES

LE FORMAT DE L'ÉPREUVE ACCES

Durée : 90 minutes

L'épreuve se présente sous forme de 80 items avec trois parties distinctes :

1. QCM de Structures

- 50 questions
- 4 propositions pour chaque question
- Chacune des propositions est soit vraie, soit fausse
- Une série (4 propositions) peut avoir entre zéro et quatre propositions vraies
- Une bonne réponse est donc une succession de 4 marques V ou F

2. Exercices à trous

- Un ou plusieurs textes courts où il manque des mots
- 4 propositions pour chaque mot manquant
- Une seule proposition est correcte
- 1 point par bonne réponse
- 0 pour une réponse fausse ou l'absence de réponse
- 15 « trous » au total

3. QCM de Compréhension

- 3 textes d'une douzaine de ligne chacun (variable)
- 5 séries de 4 affirmations sur chaque texte (les affirmations portent sur des aspects généraux ou ponctuels du texte)
- Chacune des propositions est soit vraie, soit fausse
- Une série (4 propositions) peut avoir entre zéro et quatre propositions vraies
- Une bonne réponse est donc une succession de 4 marques V ou F

ÉPREUVE D'ENTRAÎNEMENT ACCES N° 1

Lisez attentivement les instructions suivantes avant de vous mettre au travail :

Chaque question comporte quatre propositions, notées A. B. C. D. Pour chaque proposition, vous devez signaler si elle est vraie en l'indiquant sur la grille de réponses en marquant la case sous la lettre V ; ou fausse en l'indiquant sur la grille de réponses en marquant la case sous la lettre F. Une réponse est donc une suite de quatre marques V ou F.

L'absence de marque (V, F) ou la mauvaise marque à une proposition n'entraîne pas de points négatifs.

Vous vous servirez de la feuille jointe pour indiquer vos réponses en noircissant les cases situées à côté des lettres correspondantes.

1. A. I'd like to see you about the ad I read in TIME last week.
   B. I'd like to talk to you about the job advertisement I saw two weeks ago.
   C. I need to think about the job ad I saw last week.
   D. I'd like to see you about the internship advertisement I find on the Internet last week.

2. A. I'm looking forward hearing from you.
   B. I'm looking forward to hearing you.
   C. I'm looking forward to hear from you.
   D. I'm looking forward to hearing from you.

3. A. I wonder how many years have you ?
   B. It's hard for me to believe your sister has 20 years already.
   C. Sir, fill in your age here, please.
   D. I can never tell how old my students are.

4. A. Tom is responsible of organizing parties.
   B. Tom is responsable for organizing parties.
   C. Tom is in charge of organizing parties.
   D. Tom is responsible for organizing parties.

5. A. Tom always comes late. I'm not surprised.
   B. Since a long time Tom has always been late for appointments.
   C. Ever since I met him Tom has never been on time.
   D. Tom is always coming late to work! It must change!

6. A. At the moment Mr. Smith is attend a conference.
   B. This film is based on an actual event.
   C. Actually this dress is very beautiful.
   D. The world is facing actually many problems.

7. A. Ms Brown has dismissed for his sloppy work.
   B. Mr. Brown has been fired for his sloppy work.
   C. GM has been laid off thousands of workers recently.
   D. Mr. Brown has retired recently.

8. A. Microsoft is one of the most successful societies in the world.
   B. I'd like to work for the Coca Cola company.
   C. Car manufacturing compagnies face fierce competition all the time.
   D. Food compagnys must invest millions of dollars in research and development.

9. A. I'm sorry to be late.
   B. Excuse me for being late.
   C. Excuse me for my being late.
   D. I must excuse myself from the meeting next week.

10. A. The flight has been retarded.
    B. The last meeting started at time.
    C. The delivery will be delayed.
    D. The departure must be delated.

11. A. Earth summits are highly publicized international meetings.
    B. Outsourcing is a good way to beat concurrence.
    C. Delocalization is now an economic fact.
    D. Many people criticize mondialization.

12. A. If you want to check the latest economic indicators you need to read The Economist.
    B. Economic decisions usually have long-term consequences.
    C. This government's economical policy is very unpopular.
    D. People should be more economical with their words.

13. A. Mary has been playing the violin since 20 years.
    B. Mary has been playing the piano since she started 20 years ago.
    C. Mary is playing the piano for 20 years.
    D. It's twenty years since Mary plays the piano.

14. A. While we were writing our exam a mobile phone rang.
    B. When a mobile phone rang we all stopped writing.
    C. As soon as everybody had stopped writing the proctor confiscated the phone.
    D. Then we were able to continue our exam.

15. A. Are you being attended to?
    B. Is anybody helping you?
    C. How may I be of assistance to you?
    D. What can we do for you?

16. A. People cannot be prevented about natural disasters.
    B. Mary has been cured cancer.
    C. Children mustn't be indulged in their tantrums and whims.
    D. I appreciate your sharing in my sorrow.

17. A. We deeply sympathize with you in your loss.
    B. Mary is such a sympathic person; I like her very much.
    C. I like Mary; she is very sympathetic with others.
    D. Mary shows a lot of empathy for other people.

18. A. In the first time I'll explain my point of view.
    B. First I'll explain you my point of view.
    C. First I'll explain my point of view.
    D. In the first time I intend to explain to you my point of view.

19. A. I wonder why men find it easier to advance in their professional career.
    B. These are some of the most difficult questions I've ever been asked.
    C. Womens' fashion sense far exceeds that of men.
    D. In the Middle Ages nights defended their ladies' honour.

20. A. Of all the natural disasters which one is the more dangerous?
    B. Sometimes it takes longer to fly than to drive somewhere.
    C. The better thing in life is to be healthy.
    D. The most frightening event I've ever witnessed was a hurricane in 1995.

21. A. Peter plays soccer for 2 hours all days.
    B. Neither tea nor coffee is good for you.
    C. None of my friends knows how to make a good Christmas pudding.
    D. Susan doesn't know swim at all.

22. A. First I shall introduce the topic.
    B. In the second time I intend to tack about the most important issue.
    C. Then I am going to illustrate the issue at hand with some examples.
    D. Finally we shall see the outcome of this experiment.

23. A. He works very hardly for his good results.
    B. You must go fastly if you don't want to be late.
    C. I used to watch TV every day when I was a little girl.
    D. Tell the others students that our class is just about to start.

24. A. I'm not used to working more than 8 hours a day.
    B. They were not accustomed to that type of treatment.
    C. Don't worry, you'll soon get used to getting up at 6.00.
    D. You must allow time for the new habits to develop.

25. A. It's extremely difficult to cope about the conflicts in today's society.
    B. It's tough to cope for all the stresses in our modern life.
    C. It's very hard to cope with the demands of our professional life.
    D. It's very demanding to cope over the strains in our family life.

26. A. I must apologize to you for having been so stupid.
    B. I'm very sorry I've been so stupid.
    C. Mr. Brown was threatened with dismissal if he didn't change his attitude.
    D. Mr. Brown promised a dismissal if he didn't change his attitude.

27. A. In spite he hates it he ate all the spinach.
    B. Even though Mary doesn't like physics she does her homework regularly.
    C. Mark doesn't want to ski, although he is scared of heights.
    D. Despite of waiting for two hours I couldn't get inside.

28. A. I wish you were here now.
    B. It's high time you decided what you want to do in your life.
    C. If only people could be more understanding.
    D. You look as if you had'nt slept last night at all.

29. A. I said you must do it!.
    B. Betty said she had to clean her room before going out.
    C. I was sure you were going to be at home.
    D. Tom asked if you could look at these pictures.

30. A. Ms. Smith prides herself on being a very efficient executive secretary.
    B. Ms. Brown prides herself of being an expert cook.
    C. Mr. Johnson prides himself in being a very understanding boss.
    D. Ms. Jones prides herself from being a hard-working teacher.

31. A. Anne stared at a man which gave an envelope to a child.
    B. Anne hardly didn't see anything.
    C. Anne saw a man give to a child an envelope.
    D. Anne saw a man giving an envelope to a child.

32. A. Not only did they know each other well but they had done business together.
    B. I wonder did they speak good English.
    C. Tell me when will you go to the seaside.
    D. No sooner had he called than it was time to finish the conversation.

33. A. We had better leave after 2.30.
    B. I'd rather you left now, please.
    C. I'm completely lost ; I must have taken a wrong turn at the traffic lights.
    D. You can't possibly be hungry now. We've just eaten!

34. A. The convention will begin next week in Athens.
    B. The convenience will begin next week in Athens.
    C. The conference will begin next week in Athens.
    D. The congregation will begin next week in Athens.

35. A. How often does Betty call you?
    B. How long does she usually stay on the phone?
    C. How long is this table?
    D. How wide is this room?

36. A. I can't arrive to sleep.
    B. They've arrived at an interesting conclusion.
    C. Has he succeeded at solving all the problems?
    D. You must arrive at the meeting on time.

37. A. The meeting has been called off.
    B. The meeting has been called out.
    C. The meeting has been put on.
    D. The meeting has been put off.

38. A. United States are a very powerful country.
    B. The population of United Kingdom amounts to about 55 million people.
    C. The US and the UK highly value their special relationship.
    D. The Netherlands have recently legalized the using of marihuana.

39. A. Betty has lost almost two hundreds thousands euros this year.
    B. Billions of dollars have been donated to the tsunami affected region in South East Asia.
    C. The economic growth in France was only 1.9% in 2004.
    D. The economical growth in Germany in the same period was 1.3%.

40. A. Best conditions couldn't be asked for to start construction.
    B. Goodly conditions couldn't be asked for to begin construction.
    C. Better conditions couldn't be asked for to begin construction.
    D. More favorable conditions couldn't be asked for to start construction.

41. A. Cape Town has based its growth estimates primarily on the service industry.
    B. Paris has based its growing estimates primarily on the service industry.
    C. Warsaw has based its grown estimates primarily on the service industry.
    D. New York has based its growth projections primarily on the service industry.

42. A. The stone circle known as "Stonehenge" has never been determined.
    B. Who built the stone circle known as "Stonehenge" has never been determined.
    C. There is the stone circle known as "Stonehenge" has never been determined.
    D. It has never been determined why was the stone circle known as "Stonehenge" built.

43. A. Our students are encouraged to attending local seminars and workshops.
    B. Employees are encouraged to attend local seminars and workshops.
    C. Teachers are encouraged to attend regular formation.
    D. Technicians are encouraged to attending regular training.

44. A. All humanitarian workers are resigned to arrive thirty minutes before the event.
    B. All rescue workers are released to arrive thirty minutes before the event.
    C. All volunteers are requested to arrive thirty minutes before the event.
    D. All participants are kindly asked to arrive thirty minutes before the event.

45. A. The Romans used central heating systems very much like today's do.
    B. The Romans used central heating system very much like those of today.
    C. The Romans used central heating systems very much like those of today.
    D. The Romans used central heating systems very much like those they do.

46. A. Fewer people than expected left the city on the holiday weekend.
    B. Less students than expected left the city on the holiday weekend.
    C. Not as many school pupils as expected left the city on the holiday weekend.
    D. Little children than expected left the city on the holiday weekend.

47. A. Investigation show that there'll be a shortage of university professors by the end of the decade.
    B. Studies show that there'll be a shortage of university professors by the end of the decade.
    C. Questions show that there'll be a shortage of university professors by the end of the decade.
    D. Proposals show that there'll be a shortage of university professors by the end of the decade.

48. A. Ms. Kim requested that we order more food for the next meeting.
    B. Mr. Jones requested that we order more food for the following meeting.
    C. Miss Lee suggested that we order more food for the next meeting.
    D. Mrs Little suggested that we order more food for the after meeting.

49. A. A reminder was sent to all the personnel regarding the revised schedule.
    B. A reminded was sent from all the personnel regarding the revised program.
    C. All the personnel were reminded about the revised timetable.
    D. All the personnel were remembered about the revised agenda.

50. A. I don't know if I can see you next week; I must consult my agenda.
    B. Ms. Thomas will take a journal of this meeting.
    C. I'll call you after I've checked my diary.
    D. We shall first discuss the minutes of the previous meeting.

Fill in the gaps with the appropriate words. There is only one correct answer.

INNOVATIONS PROMISE IMPROVEMENT

Nanotech's Grand Vision

Groundbreaking 51) .... in nanotechnology are expected to spread through the economy, shaking 52) .... entire industries. 53) .... cancer, sensors will be able to detect a single cancer cell and will help guide nanoparticles that can 54) .... tumors from inside out, leaving healthy cells alone. To transform energy, nano-enhanced solar panels will feed cheap electricity onto superconducting power lines 55) .... of carbon nanotubes. To replace silicon carbon nanotubes will take over when silicon peters out, leading to 56) .... faster chips that need less 57) .... than today's. To travel to space pod-like 'crawlers' will carry cargo thousands of miles

up a carbon nanotube cable to a space station –for 58) .... of dollars less than rocket launches.

Energy

The way we produce and 59) .... energy hasn't changed much in decades 60) .... with increasing 61) .... in this domain the ambitious goal now seems to 62) .... to create plentiful, clean and secure forms of energy and less wasteful ways of employing them. The effort spans everything from hydrogen-powered cars to safer nuclear 63) .... to solar power, efficient lighting, and methane from the ocean floor.

Longevity

The organs of the body suffer myriad indignities as we age, deteriorating in 64) .... to genetic signals and the wear and tear of daily life. Tantalizing new discoveries suggest the possibility of reengineering our body to allow us to live longer, 65) .... and more satisfying life.

51. A. advances
    B. advancement
    C. progress
    D. discovery

52. A. down
    B. over
    C. up
    D. under

53. A. To struggle
    B. To overcome
    C. To fight
    D. To beat

54. A. squeezed
    B. cut from
    C. see
    D. eliminate

55. A. made
    B. make
    C. done
    D. manufactured

56. A. close
    B. far
    C. near
    D. good

57. A. influence
    B. power
    C. importance
    D. electricity

58. A. billions
    B. billion
    C. 2 billion
    D. 2 billions

59. A. used
    B. consuming
    C. consumed
    D. consume

60. A. and
    B. despite
    C. however
    D. but

61. A. problems
    B. issues
    C. questions
    D. options

62. A. being
    B. make
    C. be
    D. do

63. A. reactors
    B. reactor
    C. rockets
    D. weapons

64. A. respond
    B. response
    C. answer
    D. question

65. A. healthy
    B. healthier
    C. health
    D. sane

READING COMPREHENSION

Jambusters

New technology could improve London's congestion charge.

Despite the doubts, and despite complaints from shop owners, London's congestion charge -introduced in February 2003- has managed to ease the gridlock in the city centre. Traffic is down by 18%, jams by 30%. The scheme's biggest weakness is that it is crude: drivers pay £8 ($14) to enter the zone between 7am and 6.30pm, regardless of how congested the roads are, or how long they stay.

So road-pricing fans are watching trials by Transport for London (TfL) of a new detection system, called tag-and-beacon, with interest. Under such a scheme (used in Singapore and on some European roads) cars are fitted with electronic tags that are read by roadside masts. If the trial is successful, TfL says that the city could switch to the system once the contract to run the congestion charge is re-let in 2009.

Currently, cameras are used to read licence plates and track motorists. They are not always reliable: an individual camera identifies only around 70% of cars. Most drivers get photographed more than once, which boosts the system's effectiveness to over 95%, but that still leaves several thousand vehicles per day whose details must be laboriously checked by hand. Tag-and-beacon technology is much more accurate.

TfL says the trial is partly designed to see whether the new system could allow drivers to pay charges by direct debit. That would be popular with motorists, who complain that the current payment system is unfriendly: the toll for a day's travel must be paid manually -online, by phone or in a shop- by midnight, with steep fines levied on forgetful drivers.

From The Economist of January 7, 2006.

66. A. The text is about people who don't like traffic jams.
    B. There is room to make London's congestion toll better.
    C. Not everybody was sure that the system was going to work.
    D. London's congestion charge system has been in operation for over two years.

67. A. London's congestion charge has made the gridlock in the city easier.
    B. To drive into the city centre you must pay £8 a day.
    C. The amount of the toll depends on the time of the day.
    D. The system has been quite effective.

68. A. Many people like to pay a price for driving on roads.
    B. TfL has sued a new detection system.
    C. Within the new system electronic tags will be put on cars.
    D. TfL may adopt a new system towards the end of the first decade of the 21st century.

69. A. Currently motorists use cameras when they drive into the city centre.
    B. The tag-and-beacon technology takes pictures of only 70% of cars.
    C. Sometimes cameras photograph 95% of cars.
    D. The current system is much less correct than tag-and-beacon technology.

70. A. Currently it is rather inconvenient for motorists to pay their charge.
    B. Motorists would be pleased with the change of the payment system.
    C. It would be much easier to have the charge debited directly from your account.
    D. Heavy fines are imposed on motorists who fail to pay their toll.

Tourism in Europe.

With all eyes on Asia's tourist industry in the aftermath of the devastating tsunami, news from Europe's own sector seemed especially bright. VisitBritain, the UK tourism authority, announced a record 26.3 million visits for 2004, up 6.6% from the year before, and predicted another record in 2005. Train operator Eurostar, after several years of decline, reported an increase in passenger traffic, which some attributed to tourism inspired by The Da Vinci Code.

As the world's most popular tourism region, Europe continues to draw crowds, which can be clearly seen in the comparison below. Between January and August last year, tourist arrivals in Europe climbed 6% from a year earlier. Who's travelling? Over four-fifths of Europe's international tourists come from within the region, but external arrivals -down since 9/11- have been starting to rebound. Yet for euro-zone countries, that recovery is being put at risk by the strength of the single currency -in fact the World Tourism Organization suggests tourism in France, Italy and Spain is already hurting from the euro's rise. They can pray for a stronger dollar -or a few more Dan Brown sequels set on their turf.

International tourist arrivals between January and August 2004:
Africa - 23 million
Americas - 85 million
Asia and the Pacific - 99 million
Europe - 296 million.

Time, January 17, 2005.

71. A. The news about tourism in Europe after the tsunami in Asia is very encouraging.
    B. The news about tourism in Europe after tsunami in Asia is full of light and colors.
    C. VisitBritain is an organisation in charge of tourism in the UK.
    D. Tsunami in Asia affected tourism in Europe in 2004.

72. A. 2004 was a very bad year for the British tourism industry.
    B. In 2004 there were 26.3 million train visits to the UK.
    C. 2005 will probably be even a more successful year for the British tourism industry.
    D. The UK tourism authority announced a 6.6% increase in its tourism industry compared to the year before.

73. A. People are travelling by train these days to break the Da Vinci code.
    B. Eurostar had several bad years before 2004.
    C. There are growing numbers of people travelling by train between the European continent and the UK.
    D. Artists in Europe like drawing crowds.

74. A. Over 80% of international tourists in Europe last year came from the European countries.
    B. The strength of the euro attracts tourists from all over the world.
    C. The World Tourism Organisation predicts high tourism turnover in the Mediterranean region in the near future.
    D. Tourists from outside Europe started to return to our continent in 2004.

75. A. Tourists seemed to shun Africa as their destination between January and August 2004.
    B. Europe was the most popular tourist destination between January and August 2004.
    C. Dan Brown wrote a book which brought a lot of tourists in Europe.
    D. Almost 100 million people visited Asia and the Pacific region between January and August 2004.

Business letter

Embark Industries
10 High Street
Glasgow, Scotland

June 1, 2001

Embark Industries
14-B Rua Barrostos
Sao Paolo, Brazil

Dear Harriet
I'm taking this opportunity to finalize our plans for July. As you know, we have hired ten new sales managers. As part of their training, we feel it is essential that they visit at least three of our factories. We also want them to meet local representatives and, when possible, satisfied customers.
With two factories in Brazil, we thought it would be perfect to send the group first to Belo Horizonte and then to Sao Paolo. Roberto Giostri would be a fine sales representative for them to meet. His English is excellent and he has been one of our most successful representatives for the past five years.
What I would like to ask you is to arrange for the group to meet some customers. They will be in Brazil from July 10-18. If you send me some possible dates, I'll organize the rest of their trip around that. I've already contacted Roberto and the factories. I'll make hotel reservations once I have heard from you. Attached are their flight itineraries. Please contact me as soon as you have any information.

Yours truly

Rachel

76. A. This letter was sent by Rachel to Harriet.
    B. This letter was sent to 10 High Street, Glasgow, Scotland.
    C. Rachel wrote this letter to Harriet to deal with a new development in the company.
    D. Roberto Giostri was mentioned in the letter.

77. A. This communication concerns a visit by the managing director.
    B. This is an internal communication.
    C. Working for Embark Industries Harriet often visits Glasgow.
    D. Harriet works for Brazil's branch of Embark Industries.

78. A. Roberto Giostri is Brazil's manager of Embark Industries.
    B. Roberto Giostri works in sales.
    C. Roberto Giostri has been requested to meet the new recruits in Scotland.
    D. Roberto Giostri has been asked to meet the new recruits when they visit the company.

79. A. The newly employed members of Embark Industries will visit Brazil next month.
    B. The newly employed members of Embark Industries will go to Brazil as part of their training.
    C. The new employees will go to two factories of Embark Industries in Brazil.
    D. The new employees will meet customers, too.

80. A. Hotel reservations have already been made.
    B. Flights have already been scheduled.
    C. Rachel doesn't need any other information to finalize all the traveling arrangements.
    D. Rachel needs the requested information from Harriet soon.

CORRIGÉ

1.	VVVF	28.	VVVV	55.	VFFF
2.	FFFV	29.	VVVV	56.	FVFF
3.	FFVV	30.	VFFF	57.	FVFF
4.	FFVV	31.	FFFV	58.	VFFF
5.	VFVV	32.	VFFV	59.	FFFV
6.	FVVF	33.	VVVV	60.	FFFV
7.	FVFV	34.	VFVF	61.	VFFF
8.	FVFF	35.	VVVV	62.	FFVF
9.	VVVV	36.	FVFV	63.	VFFF
10.	FFVF	37.	VFFV	64.	FVFF
11.	VFFF	38.	FFVF	65.	FVFF
12.	VVFV	39.	FVVF	66.	FVVV
13.	FVFF	40.	FFVV	67.	FVFV
14.	VVVV	41.	VFFV	68.	FFVV
15.	VVVV	42.	FVFF	69.	FFFV
16.	FFVV	43.	FVFF	70.	VVVV
17.	VFVV	44.	FFVV	71.	VFVF
18.	FFVF	45.	FFVF	72.	FFVV
19.	VVFF	46.	VFVF	73.	FVVF
20.	FVFV	47.	FVFF	74.	VFFV
21.	FVVF	48.	VVVF	75.	VVVV
22.	VFVV	49.	VFVF	76.	VFVV
23.	FFVF	50.	FFVV	77.	FVFV
24.	VVVV	51.	VFFF	78.	FVFV
25.	FFVF	52.	FFVF	79.	VVVV
26.	VVVF	53.	FFVF	80.	FVFV
27.	FVFF	54.	FFFV		

Commentaires

Les références NG dans les commentaires ci-dessous renvoient aux Notes Grammaticales dans la première partie de l'ouvrage.

1. A = vrai
   B = vrai
   C = vrai
   D = faux.

Last week impose la présence du prétérit *found* : « ... *the intership advertisement I found on the Internet last week* ».

Noter :

An internship = un stage en entreprise.

The Internet

2. A = vrai
   B = faux
   C = faux
   D = vrai

To look forward to = attendre avec impatience, se construit :

Suivi d'un complément :

- *I'm looking forward to it* = je m'en réjouis à l'avance.
- *I look forward to the day when* = j'attends avec impatience le jour où.

Suivi d'un verbe qui prend alors la forme en *ing* :

- *I'm looking forward to seeing you* = je suis impatient de vous voir.

To hear someone = entendre quelqu'un

To hear from someone = avoir des nouvelles de quelqu'un.

3. A = faux
   B = faux
   C = vrai
   D = vrai

Avoir vingt cinq ans se dit :

- *to be twenty-five*
- *to be twenty-five years old.*

4. A = faux
   B = faux
   C = vrai
   D = vrai

Avoir la responsabilité de = *to be responsible for + ing ; to be in charge of + ing.*

5. A = vrai
   B = faux. « *Since* » marque la durée d'une action mais s'y intéresse par rapport à son point de départ et pas par rapport à sa durée (*for*). NG 82.
   C = vrai
   D = vrai

6. A = faux
   B = vrai
   C = vrai
   D = faux

To attend Ø a conference = assister à une conférence

Noter : *the conference was well attended* = il y avait beaucoup de monde à la conférence.

Ne pas confondre avec *to attend to* = s'occuper de.

- *Are you being attended to?* = est-ce que l'on s'occupe de vous ?

Actual est un faux ami qui veut dire réel. *Actually* = en fait, en réalité. Pour être correcte, la phrase D devrait s'écrire :

- *The world is currently facing many problems.*

La crise actuelle = *the present/current crisis*.

L'actualité = *current affairs*.

7. A = faux
   B = vrai
   C = faux
   D = vrai

Licencier peut se traduire de plusieurs façons : *to dismiss, to fire, to lay off, to make redundant.*

Ne pas confondre avec *to resign* = démissionner

La phrase A devient correcte avec : *Ms Brown has been dismissed for her sloppy work*. Voir les NG sur les pronoms (NG 137, 138 et 139).

GM : *General Motors*. C'est bien la société qui initie l'action (les licenciements) d'où : *GM has laid off thousands of workers recently*.

To retire = prendre sa retraite.

Noter : *Mrs* est toujours suivi du nom de la personne : *Mrs Brown*. *Ms* s'utilise devant le nom d'une femme quand on ne spécifie pas si elle est ou non mariée :

- *Ms Brown* = Madame ou Mademoiselle Brown.

8. A = faux
   B = vrai
   C = faux
   D = faux

Une société commerciale = *a company* (pluriel : *companies*), *a business, a firm.*

9. A = vrai
   B = vrai
   C = vrai
   D = vrai

10. A = faux
    B = faux
    C = vrai
    D = faux

Être retardé (dans le temps) = *to be delayed*

Être retardé (arriéré) = *to be retarded*

À l'heure = *on time*

11. A = vrai
    B = faux
    C = faux
    D = faux

La concurrence : *competition*.

La mondialisation : *globalization*.

La délocalisation : *relocation*.

12. A = vrai
    B = vrai
    C = faux
    D = vrai

Economic fait référence à l'économie : *an economic policy, economic growth.*

Economical signifie bon marché.

13. A = faux
    B = vrai
    C = faux
    D = faux

For et *Since* marquent traditionnellement la durée d'une action. Dans ce cas, *for* et *since* s'accompagnent d'un *present perfect*. For est suivi d'une durée, *Since* d'une date.

NG 82

14. A = vrai
    B = vrai
    C = vrai
    D = vrai

The proctor = le surveillant

15. A = vrai
    B = vrai
    C = vrai
    D = vrai

16. A = faux
    B = faux
    C = vrai
    D = vrai

To prevent someone <u>from</u> doing something = empêcher quelqu'un de faire quelque chose.

Tantrums and whims = les crises de colère et les caprices.

17. A = vrai
    B = faux
    C = vrai
    D = vrai

Sympathic n'existe pas.

Sympathetic = compatissant

Sympathique se dit : *nice, kind, pleasant.*

18. A = faux
    B = faux
    C = vrai
    D = faux

D'abord, en premier = Ø *First*

I will explain my point of view to you.

Pour la première fois = *for the first time*.

19. A = vrai
    B = vrai
    C = faux
    D = faux

Women's fashion – men's job : NG 39.

Un chevalier = *a knight*

20. A = faux
    B = vrai
    C = faux
    D = vrai

Dans la première phrase, on doit employer le superlatif *the most dangerous* et pas un simple comparatif.

Même chose dans la phrase 3 : la meilleure chose = *the best thing*.

NG 53 et suivantes.

21. A = faux
    B = vrai
    C = vrai
    D = faux

All correspond en général à « tout, tous ». Mais quand « tout, tous » a le sens de « chaque », on utilise every. Ne pas confondre *every day* et *all day* :

- *We play tennis every day.*
- *We spent all day/the whole day watching TV.*

Je ne sais pas nager = *I don't know <u>how</u> to swim*.

22. A = vrai
 B = faux
 C = vrai
 D = vrai

The topic = le sujet

Parler de = *to ta<u>lk</u> about*

23. A = faux
 B = faux
 C = vrai
 D = faux

Attention à ne pas confondre les adjectifs (*hard, fast*,...) et les adverbes (*hardly, fastly*,...).

24. A = vrai
 B = vrai
 C = vrai
 D = vrai

Voir NG 75, 76, 77, 78 et 79.

25. A = faux
 B = faux
 C = vrai
 D = faux

To cope <u>with</u> = faire face à.

26. A = vrai
 B = vrai
 C = vrai
 D = faux

A dismissal = un lincenciement.

To threaten = menacer.

27. A = faux
    B = vrai
    C = faux
    D = faux

In spite of = Ø *despite*

Although = bien que. La phrase C n'a donc pas de sens.

28. A = vrai
    B = vrai
    C = vrai
    D = faux

La phrase D est fausse en raison de l'erreur sur la contraction : *had not* = *hadn't.*

Expression du regret avec *wish* : NG 119.

Prétérit modal après « *it's high time* » : NG 122.

Prétérit modal après « *as if* » : NG 118.

29. A = vrai
    B = vrai
    C = vrai
    D = vrai

30. A = vrai
    B = faux
    C = faux
    D = faux

To pride oneself <u>on doing</u> something = être fier de quelque chose.

31. A = faux
    B = faux
    C = vrai
    D = vrai

La proposition A est fausse en raison de l'erreur sur le pronom relatif « *which* » : voir NG 144 à 149.

La proposition B est fausse car il ne peut y avoir une double négation dans la même phrase, ce qui est le cas ici avec « *hardly* » et « *didn't* ».

La proposition C est fausse en raison de la construction après le verbe « *to see* ».

32. A = vrai
    B = faux
    C = faux
    D = vrai

Les propositions A et D sont des cas d'inversion classiques (voir les exemples proposés dans la partie Expression Écrite). Voir également NG 172.

La proposition B est fausse : il s'agit d'une mauvaise construction d'une interrogative indirecte. Voir NG 177.

La proposition C est également fausse en raison de l'ordre des mots dans la phrase. Voir NG 103.

33. A = vrai
    B = vrai
    C = vrai
    D = vrai

Ces quatre propositions sont toutes correctes. Pour l'emploi de « *had better* » et « *would rather* », voir NG 178 à 181.

34. A = vrai
    B = faux
    C = vrai
    D = faux

Les propositions B et D sont fausses pour des raisons lexicales : « *congregation* » s'utilise dans un sens religieux pour parler d'un rassemblement de fidèles. « *Convenience* » signifie commodité et s'emploie dans des expressions comme « *Convenience food* » = alimentation à préparation rapide.

35. A = vrai
    B = vrai
    C = vrai
    D = vrai

Les quatre propositions sont correctes : « *often* » fait référence à la fréquence, « *long* » à la longueur, « *wide* » à la largeur.

36. A = faux
    B = vrai
    C = faux
    D = vrai

Arriver à dormir = *to manage to sleep*
To succeed <u>in doing</u> something = réussir à faire quelque chose.

37. A = vrai
    B = faux
    C = faux
    D = vrai

To call off = annuler
To call out = appeler (un docteur, etc.)
To call workers out (on strike) = donner une consigne de grève
To put on = enfiler
To put on weight = prendre du poids
To put off = repousser

38. A = faux
    B = faux
    C = vrai
    D = faux

The United States is. Voir NG 169.
The United Kingdom.
The use of marihuana

39. A = faux
    B = vrai
    C = vrai
    D = faux

La proposition A est fausse en raison du « s » à « *hundreds* ». Voir NG 175 et 176.

Ne pas confondre « *economic* » : économique, qui a trait à l'économie (*an economic policy*) et « *economical* » : bon marché (*an economical car*).

40. A = faux
    B = faux
    C = vrai
    D = vrai

Dans la proposition A, la présence du superlatif « *best* » demande l'emploi de l'article défini « *the* » : « *The best conditions* ». Voir NG 16.

41. A = vrai
    B = faux

C = faux

D = vrai

Estimations de croissance = *growth estimates/projections*

42. A = faux

B = vrai

C = faux

D = faux

La proposition A n'a pas de sens en raison d'un mauvais emploi du verbe « *to determine* ».

La phrase C n'a pas de sens.

La phrase D est fausse en raison de la place de « *was* ».

43. A = faux

B = vrai

C = faux

D = faux

Proposition A : *Our students are encouraged to attend*.

Une formation = *a training*

44. A = faux

B = faux

C = vrai

D = vrai

To resign = démissionner

To release = libérer, relâcher/faire paraître

45. A = faux

B = faux

C = vrai

D = faux

La proposition A est fausse en raison de la présence de « *do* » en fin de phrase.

La proposition B est fausse en raison de l'absence de « s » à « *system* ».

La phrase D n'a pas de sens.

46. A = vrai
    B = faux
    C = vrai
    D = faux

Voir NG 66 et 67.

47. A = faux
    B = vrai
    C = faux
    D = faux

Investigation (enquête), *questions* et *proposals* (des propositions) ne conviennent pas ici.

48. A = vrai
    B = vrai
    C = vrai
    D = faux

The following meeting = la réunion suivante.

The next meeting = la prochaine reunion.

49. A = vrai
    B = faux
    C = vrai
    D = faux

To remind = rappeler quelque chose

Exemple : *Remind me about my appointment* = rappelle-moi mon rendez-vous.

To remember = se souvenir de.

50. A = faux
    B = faux
    C = vrai
    D = vrai

A journal = une revue/un compte-rendu

ÉPREUVE D'ENTRAÎNEMENT ACCES N° 2

Lisez attentivement les instructions suivantes avant de vous mettre au travail :

Chaque question comporte quatre propositions, notées A. B. C. D. Pour chaque proposition, vous devez signaler si elle est vraie en l'indiquant sur la grille de réponses en marquant la case sous la lettre V ; ou fausse en l'indiquant sur la grille de réponses en marquant la case sous la lettre F. Une réponse est donc une suite de quatre marques V ou F.

L'absence de marque (V, F) ou la mauvaise marque à une proposition n'entraîne pas de points négatifs.

Vous vous servirez de la feuille jointe pour indiquer vos réponses en noircissant les cases situées à côté des lettres correspondantes.

1. A. I'm looking forward meeting you.
   B. I look forward to meeting you.
   C. I'm looking forward to meeting you.
   D. I look forward meeting you.

2. A. I'm writting about the job advertisement I saw in the "Times" last week.
   B. I'm writing about the job advertisement I saw in the "Times" last week.
   C. I'm phoning about the job advertisement I'm seeing in the "Times" last week.
   D. I'm phoning about the job advertisement I saw in the "Times" last week.

3. A. What's your nationality? I'm french.
   B. What nationality are you? I'm french.
   C. Where are you from? I'm French.
   D. Where are you from? I'm from France.

4. A. I'm responsable for Human Ressources.
   B. I'm responsable for Human Resources.
   C. I'm responsible for Human Ressources.
   D. I'm responsible for Human Resources.

5. A. Actually I do work placement for Sony.
   B. At the moment I'm working for Sony.
   C. Do you work for IBM? Actually, at the moment I work for Sony.
   D. I don't work for Sony, actually I'm work for IBM.

6. A. The company which name is l'Oréal is very succeed.
   B. The company which the name is l'Oréal is very succeeding.
   C. The company whose name is l'Oréal is very succeeding.
   D. The company whose name is l'Oréal is much successful.

7. A. How many japanese companies are there in GB?
   B. How many Japanese companies are there in GB?
   C. How many japanese compagnys are there in GB?
   D. How many Japan compagnies are there in GB?

8. A. This governement's economical policy is very unpopular.
   B. The governement's economic policy is very unpopular.
   C. This government's economical policy is very unpopular.
   D. This government's economic policy is very unpopular.

9. A. The theorical use of economy often doesn't correspond to reality.
   B. In front of the concurrents we must react fastly.
   C. The benefits this year are growing up.
   D. Last year we have developped a new marketing strategy.

10. A. I am the assistant of the Marketing Director.
    B. I am the assistance to the Marketing Director.
    C. I am the Marketing Directors' assistant.
    D. I am the Marketing Director's assistant.

11. A. From my point of view European Monetary Union will be a disaster.
    B. I think the European Monetary Union will be a disaster.
    C. I think European Monetary Union won't be a disaster.
    D. In my opinion the European Monetary Union will be a disaster.

12. A. I haven't seen him for a long time.
    B. I haven't seen him since a long time.

C. It's a long time since I've seen him.
D. It's been a long time since I haven't seen him last.

13. A. I'm living here since February.
B. I'm having some time off next week.
C. I'm having a party this weekend.
D. I'm seeing my doctor tomorrow at 10 o'clock.

14. A. Every children in France like cheese.
B. There's a shop at every end of the street.
C. All of us think the government will change next time.
D. I play tennis for an hour all day.

15. A. Pierre and Blandine are some students.
B. There isn't anyone at home.
C. There is none who can help me.
D. I had no difficulty understanding what he was saying.

16. A. How many knifes and forks do you need?
B. If I were you I'd take a leaf out of his book and study more.
C. The more childs work, the richer the economy will become.
D. A lot of womans think advertising insults their intelligence.

17. A. She asked some extremely difficults questions during the interview.
B. I don't think the others peoples behave in the same way.
C. I'll probable see her tomorrow, so give me the letter.
D. He talks extremely fastly.

18. A. She's the friendlest person I've ever met.
B. He's most interesting in what you have to say.
C. She's a lot lovelier in real life than in her pictures.
D. Of all the sports in the Olympics, which sport is more dangerous?

19. A. However he could swim he was able to drown.
B. The boy was drowning, but luckily I could save him because I was a strong swimmer.
C. In 15 years' time I will have been working for 40 years.
D. He had never been abroad although he quite liked the idea.

20. A. In a first time I will present you my plan.
    B. I think the economical situation is evoluating in Africa.
    C. You mustn't loose sight of the fact that he has good marks elsewhere.
    D. Today's students are more intelligent than 20 years ago.

21. A. Firstable we're going to have a look at the geopolitical situation, next we will see the macro-economic situation and at last the economic opportunities that exist.
    B. The technics used in modern industry today are very complex.
    C. "At last," I cried when the waiter finally arrived, "I've only been waiting 20 minutes," I added sarcastically.
    D. Although it was raining hard, we managed to keep dry by standing under a big oak.

22. A. How many time have you been to see "The Last Samurai" with Tom Cruise?
    B. Whose book is this?
    C. Who did you lend it to?
    D. Which secretary sent the fax?

23. A. How long is a game of rugby?
    B. How long is a cricket pitch?
    C. How long have you been going to see a psychiatrist?
    D. How long time does a lesson usually last?

24. A. The police has warned motorists to take extra care because of speed traps.
    B. At the moment beefs are cheap after the mad cow disease scare.
    C. This trousers is a bit tight, can I try a bigger one on?
    D. Well this jean fits all right.

25. A. Thanks to computer's science, marketers now know what is happening.
    B. We planed to go flying at the weekend in my father's plane.
    C. Last year we have developped a new marketing strategy.
    D. Last year we developed a new marketing strategy.

26. A. It's about time you grew up and took responsible decisions.
    B. How come you don't understand what I'm saying, am I speaking too fast?
    C. It's the first time I've ever see a real live rugby match.
    D. Why the hell don't you look where you're going!

27. A. She works like a slave.
    B. She works as a barmaid.
    C. It looks like it's going to rain.
    D. You look as your brother, you're very similar.

28. A. I have liked always the United States.
    B. I like very much playing tennis.
    C. We politely asked permission to leave early.
    D. I usually go to bed late.

29. A. I wish he wouldn't keep phoning me at 10 o'clock at night, it's most annoying.
    B. I feel so helpless. I wish I would speak the language.
    C. I wish I could have gone to his wedding, but I had too much work to do.
    D. If only you hadn't been a bit more careful, everything would have been all right.

30. A. In spite of she feels afraid, she went into the burning building and saved the little girl.
    B. Sophie doesn't want to fly, although she feels afraid.
    C. Even though you don't like maths, you should try a bit harder.
    D. Despite of queuing for an hour, I couldn't get tickets.

31. A. The bus I'm waiting for is late.
    B. Electronics is a subject I know very little about.
    C. The person from who I got the figures is completely reliable.
    D. Is this the article you were interested in?

32. A. He showed me how a wheel is changed.
    B. He showed me how changing a wheel.
    C. He showed me how to change a wheel.
    D. He showed me that the wheel had been changed.

33. A. You must avoid to speak if I'm speaking at the same time.
    B. Well, I've offered him to do it if he hasn't got enough time.
    C. You keep reminding me of someone I know.
    D. I tried clicking on the box but it doesn't seem to work.

34. A. I'm not speaking to Felix any more, I've fallen through with him.
    B. We all fell about laughing at the cartoon.
    C. My shoes are filthy, I'd better take them away before I come in.
    D. How much longer are you going to go on working?

35. A. Could you write these notes up, please?
    B. Could you write this down, please?
    C. Could you write the information in the correct columns, please?
    D. Could you write this letter to him immediately, please?

36. A. The USA consists in 50 states.
    B. Where I go will depend of the weather.
    C. The President is entering into the building.
    D. Did you pay for it, or do you want me to do it?

37. A. Has he liked always beer?
    B. We probably won't be there on time.
    C. I usually go early to bed.
    D. Valentine ate quickly his breakfast.

38. A. For one terrified moment I thought I was going to fail.
    B. I think the way he behaved was shocked.
    C. Going for a run with Jonathan is a totally exhausting experience.
    D. He was very annoyed about his exam results.

39. A. Everyone is having their lunch at the moment.
    B. Everyone is having his lunch at the moment.
    C. Everywhere were very crowded.
    D. Theo wore a suit but everybody else had jeans on.

40. A. We'd better hurry ourselves.
    B. The children are old enough to look after themselves.

C. With a broken arm it must be very difficult for you to dress you.
D. I've forgotten the key! We've locked ourselves out.

41. A. I recommended that he study before trying the entrance exam.
B. I recommended that he studied before trying the entrance exam.
C. I recommended that he should study before trying the entrance exam.
D. I suggest he go and see a doctor if he's always feeling tired.

42. A. Lots of people don't like mackerel, together with other oily fish.
B. A lot of us thought the presentation was rubbish.
C. I take some photos now but not as much as I used to.
D. The postman doesn't often come here. We receive very little letters.

43. A. If I hadn't known I wouldn't have come.
B. If you'd come to the cinema with me yesterday I'm sure you will have enjoyed it.
C. If I went to bed earlier, I wouldn't sleep.
D. If I hadn't seen the product advertised, I wouldn't have bought it.

44. A. He's earned a lot of money from his business activities.
B. I called but there was no reply. They must be out.
C. My sister is still in the hospital visiting the patients.
D. How many people were there?

45. A. He creeped into the room so as not to wake his sister.
B. He lighted my cigarette with his own.
C. She dreamt about him continually for 6 weeks.
D. I have mowed the lawn every week for the last three months.

46. A. I get on well with him. He reminds me about an old friend of mine.
B. "I refuse to put up with the housing situation in France," said Abbé Pierre.
C. My brother works in computers. He's going to set out his own company.
D. The police prevented me to leave.

47. A. As I was watching him, the man was suddenly running away.
    B. When the alarm went off, I was leaving the room immediately.
    C. I am enjoying watching this football match, it's very entertaining.
    D. I was going to answer the phone but it was stopping after a few rings.

48. A. This farmer is owning all the land around here.
    B. I am loving parties. That's why I go to so many.
    C. This coat is fitting perfectly. I'll take it.
    D. I'm afraid my cousin can't come because she is being ill.

49. A. I'm working for Manpower at the moment.
    B. I work for IBM.
    C. Excuse me, would you mind awfully getting off my foot please. You're standing on it.
    D. He'd no longer arrived than it was time to go.

50. A. What's the name of that man that gave us a lift?
    B. The accident was seen by some people walking down the road.
    C. That's the friend I told you about whose car was stolen last night.
    D. What's that sign which you were looking?

Fill in the gaps with the appropriate words. (There is only one correct answer)

Simply .... Three Ways to Help Save the Planet

1. <u>Discourage Packaging</u>

Next time you are out shopping test this theory; the less essential a product is, the more packaging it will have. 51) .... , for example, a box of chocolates with eight 52) .... of wrapping, to a bag of rice with only one. Overpackaging 53) .... about ten per cent to our weekly shopping bill. It

54) .... no real purpose and 55) .... we have to pay for it to be taken away. It also uses up 56) .... resources; most plastic is made from oil and does not biodegrade. As a first 57) .... , you might refuse the plastic bags which are thrust upon you at the supermarket check-out and use boxes to carry home the food.

2. Avoid Poisons

Every day there is another 58) .... about some product damaging our health. Weedkillers and pesticides 59) .... their way up the food chain from plants through insects and birds .... your family. Bleaches are 60) .... the most polluting of household cleaners. As well as being a health risk, they 61) .... killing organisms in rivers long after they leave your home, so it is best to minimize the quantities used.

3. Research Raw Materials

It is important to find out what raw 62) .... a product uses. Did the table and chair in your living room involve rainforest destruction ? If they are made of mahogany, the answer is « yes". We should only buy woods that come from 63) .... which can be maintained long term, without causing damage to the environment. Aluminium cans are made from bauxite, a kind of clay, which is often 64) .... up in tropical forests. The recycling of these cans is well-established in Australia, Canada and the US, all of 65) .... re-use more than 50 per cent of the aluminium.

51. A. check
B. contrast
C. match
D. compare

52. A. stages
B. layers
C. levels
D. sheets

53. A. attaches
B. increases
C. raises
D. adds

54. A. serves
B. makes
C. does
D. causes

55. A. at last
B. at the end
C. eventually
D. lastly

56. A. scarce
B. rare
C. slight
D. short

57. A. point
B. step
C. place
D. thing

58. A. scare
B. news
C. danger
D. terror

59. A. work
B. take
C. go
D. put

60. A. in
    B. of
    C. among
    D. with

61. A. carry out
    B. carry off
    C. carry over
    D. carry on

62. A. ingredients
    B. materials
    C. parts
    D. elements

63. A. roots
    B. situations
    C. stores
    D. sources

64. A. A mined
    B. dug
    C. worked
    D. pushed

65. A. them
    B. these
    C. which
    D. whose

READING COMPREHENSION

There may be more than one correct answer for questions 66-80

Statistics for the lodging industry worldwide were mixed last year, as total revenue was up 20.7% on a per room basis, while occupancy was down 5.5% from the previous year. Payroll and related expenses soared 35.3%, while the average daily rate per occupied room rose 25.5% to $59.20. Sharp increases in the median total sales per available room were recorded in Africa, Asia, Australia, Central America, Mexico, the United States and Canada.

66. A. More statistical reports were issued than in the previous year.
    B. Wages of hotel workers decreased by 5.5%.
    C. Fewer hotel rooms were rented than in the previous year.
    D. The average room rate was $35.30.

67. A. Total room sales did not increase significantly in Canada.
    B. Total room sales did not increase significantly in Africa.
    C. Total room sales increased significantly in Central America.
    D. Total room sales did not increase significantly in the United States.

68. A. Fewer people will rent rooms next year.
    B. More people will rent rooms next year.
    C. Fewer people rented rooms last year.
    D. More people rented rooms last year.

69. A. On the whole sales increased rapidly in North and Central America.
    B. On the whole sales remained stable in North and Central America.
    C. On the whole sales increased a little in North and Central America.
    D. Compared to the previous year sales didn't increase in North and Central America.

70. A. From the data given we can assume that rooms are more expensive to rent this year.
    B. From the data given we can assume that rooms are more expensive to rent than last year.
    C. From the data given we can deduce that $59.20 corresponds to 25.5%.
    D. From the data given we can assume that the price of rooms rose by more than a ¼.

Our M.S. Jensen EXPLORER is not an ordinary cruise ship. It was built for the purpose of exploration. Its shallow draft allows us to explore remote islands not available to other cruise ships. Inflatable Zodiac rafts will land us on previously inaccessible beaches.

Even though the EXPLORER is relatively small, it still accommodates ninety-two passengers with all the comforts expected aboard a modern cruising vessel. We have a Lido deck with a swimming pool, comfortable lounges and spacious cabins. And although the air is warm, soft and inviting in these tranquil waters, the ship is fully air-conditioned. Each expedition carries an expert staff of naturalists, anthropologists and diving instructors.

71. A. What makes the Explorer an unusual cruise ship, is it's safety equipment.
    B. What makes the Explorer an unusual cruise ship, is it's accommodation.
    C. What makes the Explorer an unusual cruise ship, is its name.
    D. What makes the Explorer an unusual cruise ship, is its structural design.

72. A. Passengers are most likely interested in diving.
    B. Passengers are most likely interested in astrology.
    C. Passengers are most likely interested in nature study.
    D. Passengers are most likely interested in sailing.

73. A. They expect thick fog on the trip.
    B. They expect the weather to be clear and chilly on the trip.

C. They expect frequent rainstorms on the trip.

D. They expect the weather to be warm and sunny on the trip.

74. A. Passengers will get to unexplored beaches by exploration.

B. Passengers will get to unexplored beaches by raft.

C. Passengers will get to unexplored beaches by swimming.

D. Passengers will get to unexplored beaches by expert staff.

75. A. The text does not talk about the employees.

B. The text does not talk about the food.

C. The text does not talk about the bedrooms.

D. The text does not talk about the recreational facilities.

SUAREZ DRILLING CORPORATION
1217 Isabella Avenue, Buenos Aries, Argentina

Ms. Ursula Kahanian
Dienst and Klein Auditors
1001 Wellington Avenue
Toronto, Ontario
Canada

Dear Ms. Kahanian

We will be pleased to welcome you to our headquarters for the year-end auditing procedures.

Paula Jenkins t ells us that you will arrive in Buenos Aires on flight BA 209 on Monday, January 30, at 10 a.m. I have
instructed my assistant, Carmen Sierra, to drive you directly to our main office and make sure that all the arrangements for your stay are satisfactory. We will put a computer terminal at your disposal in a private office. Should you have any special requirements, I would appreciate it if you would phone or fax us to let us know before your arrival.
We have booked a room at the Santa Catalina hotel in the center of town, which serves breakfast and dinner. Alternatively, we can recommend many fine restaurants in the center of town. We have arranged for you to have prepaid lunches at our staff cafeteria. Ms. Sierra will take care of the transport arrangements for your return to the airport on Friday the third.

I look forward to meeting you next month.

Sincerely

Raphael Ortiz
Financial Director

76. A. Ms. Kahanian is a woman.
    B. Ms. Kahanian is a man.
    C. Ms. Kahanian is married
    D. Ms. Kahanian is not married.

77. A. Ms. Kahanian is going to Buenos Aires to visit a drilling site.
    B. Ms. Kahanian is going to Buenos Aires to upgrade a computer system.
    C. Ms. Kahanian is going to Buenos Aires to conduct an audit.
    D. Ms. Kahanian is going to Buenos Aires to review various restaurants.

78. A. It might be necessary for Ms. Kahanian to contact Mr. Ortiz prior to arrival, to arrange to use a computer.
    B. It might be necessary for Ms. Kahanian to contact Mr. Ortiz prior to arrival, to give the flight number.
    C. It might be necessary for Ms. Kahanian to contact Mr. Ortiz prior to arrival, to reserve hotel accommodations.
    D. It might be necessary for Ms. Kahanian to contact Mr. Ortiz prior to arrival, to find out if there is access to a copy machine.

79. A. Ms. Kahanian will probably have midday meals at the Suarez Drilling headquarters.
    B. Ms. Kahanian probably won't have midday meals at the Santa Catalina hotel.
    C. Ms. Kahanian will probably have midday meals in one of the town's restaurants.
    D. Ms. Kahanian probably won't have midday meals at a local coffee shop.

80. A. This letter was written by Ms. Kahanian.
    B. This letter was probably written in December.
    C. This letter was written to Raphael Ortiz.
    D. This letter was probably written in February.

CORRIGÉ

1. F V V F
2. F V F V
3. F F V V
4. F F F V
5. F V V F
6. F F F F
7. F V F F
8. F F F V
9. F F F F
10. F F V V
11. F V F V
12. V F V F
13. F V V V
14. F F V F
15. F V F V
16. F V F F
17. F F F F
18. F F V F
19. F F V V
20. F F F V
21. F F V V
22. F V V V
23. V V V F
24. F F F F
25. F F F V
26. V V F V
27. V V V F
28. F F V V
29. V F V F
30. F F V F
31. V V F V
32. V F V V
33. F F V V
34. F V F V
35. V V V V
36. F F F V
37. F V F F
38. F F V V
39. V F F V
40. F V F V
41. V V V V
42. V V F F
43. V F V V
44. V V V V
45. F V V F
46. F V F F
47. F F V F
48. F F F F
49. V V V V
50. V V V F
51. F F F V
52. F V F F
53. F F F V
54. V F F F
55. F F V F
56. V F F F
57. F V F F
58. V F F F
59. V F F F
60. F F V F
61. F F F V
62. F V F F
63. F F F V
64. F V F F
65. F F V F
66. F F V F
67. V F V F
68. F F V F
69. V F F F
70. V V F V
71. F V F V
72. V F V F
73. F F F V
74. F V F F
75. F V F F
76. V F F F
77. F F V F
78. F F F V
79. V V F V
80. F V F F

LE CONCOURS TEAM

LE FORMAT DE L'ÉPREUVE TEAM

Durée : 1 heure et 15 minutes

L'épreuve se compose de trois parties distinctes :

1. Grammaire & Structures : « Identify the Error »

- 20 phrases comportant chacune potentiellement une erreur
- 3 propositions d'erreur possible (mots soulignés) ou l'option de choisir « No error »
- Il ne peut y avoir qu'une seule réponse juste pour chaque question
- 1 point par bonne réponse
- 0 pour une réponse fausse ou l'absence de réponse

2. Grammaire & Structures : « Fill in the blank »

- 20 phrases à compléter
- 4 propositions pour chaque phrase
- Il ne peut y avoir qu'une seule réponse juste pour chaque question
- 1 point par bonne réponse
- 0 pour une réponse fausse ou l'absence de réponse

3. Vocabulaire & Compréhension

- Deux textes de quelques paragraphes chacun
- 10 affirmations sur chaque texte. Chaque affirmation porte sur des aspects généraux ou ponctuels du texte ou des mots pour lesquels il faut trouver un synonyme
- 4 propositions pour chaque affirmation
- Il ne peut y avoir qu'une seule réponse juste à chaque affirmation
- 1 point par bonne réponse
- 0 pour une réponse fausse ou l'absence de réponse

ÉPREUVE D'ENTRAÎNEMENT TEAM

1. Partie 1 – Identify the error

1. My friends and me (a) go out almost every (b) Saturday night (c). No error (d).

2. A person who (a) wants to help their (b) community should volunteer for neighborhood projects (c). No error (d).

3. The (A. new arrangement has worked (b) out perfect (c) for everyone. No error (d).

4. I didn't know (a) Dave drove so fastly (b). He should be more (c) careful. No error (d).

5. If I had (a) realized (b) it was your birthday, I would have prepare (c) something special. No error (d).

6. Your teacher would (a) be very disappointed (b) if you do not well on (c) the test. No error (d).

7. The reviews of the author's (a) new book has (b) been very good so (c) far. No error (d).

8. Every week (a) John take (b) his nephew to the park to play ball (c). No error (d).

9. Don't never (a) think you have (b) studied too (c) much for an exam. No error (d).

10. Because the fog was (a) so thick, I couldn't (b) hardly see (c) where I was going. No error (d).

11. Although (a) I wasn't sure of the response, I rose (b) my hand and tried (c) to answer the question anyway. No error (d).

12. What do (a) you think I should to (b) tell him when he arrives? (c). No error (d).

13. We have been waiting (a) for you for (b) almost an (c) hour. Where have you been? No error (d).

14. They were going to leave (a) when one of the telephone (b) started (c) to ring. No error (d).

15. He was the most happiest (a) man in the world (b) because he had a new (c) baby boy. No error (d).

16. I don't have (a) many (b) money but I still want to buy it (c). No error (d).

17. She studied (a) very hard to become doctor (b) like (c) her father. No error (d).

18. The value (a) of precious gems is determined by their (b) hardness, color, and brilliant (c). No error (d).

19. The state with the most large (a) production of tobacco products is (b) North Carolina (c). No error (d)

20. From (a) 1785 to 1790, the capital (b) of the United States will be (c) located in New York City. No error (d).

2. Partie 2 – Fill in the blank

21. What do you think I ....?
    A. shoud do
    B. would better do
    C. do had better
    D. should to do

22. You must tell him where you .... and how you can be reached.
    A. will are being
    B. will being
    C. will be
    D. will be to

23. The children .... too much noise. Go upstairs and tell them to be quiet.
    A. make
    B. are making
    C. making are
    D. to make

24. This class is designed .... learn English.
    A. to help students
    B. helping students
    C. help students
    D. to helping students

25. Rarely .... such an impressive young athlete.
   A. I have seen
   B. I have see
   C. see I
   D. have I seen

26. John and his father .... fishing every day.
   A. go
   B. are going
   C. goes
   D. is going

27. Who .... to come to the party with me?
   A. wants
   B. is wanting
   C. does want
   D. are wanting

28. I have been waiting to see the director ....
   A. since a long time
   B. during a long time
   C. for a long time
   D. longtime

29. .... more unsure of their future because of the current economic situation.
   A. That people are becoming
   B. People are becoming
   C. People become
   D. Are people becoming

30. .... is one of life's greatest pleasures.
   A. To travel
   B. Travels
   C. That traveling
   D. Traveling

31. It is important to read the instructions before ....
    A. use the machine
    B. using the machine
    C. to begin using the machine
    D. to begin to use the machine

32. He refused to buy anything else ....
    A. from that shop
    B. to this company
    C. at this person
    D. to those people

33. Last night we ....
    A. decided to get married
    B. have decided to get married
    C. said them about our decision
    D. has decided to get married

34. I didn't buy that car because the price was too ....
    A. important
    B. large
    C. high
    D. big

35. Turn to .... page four and look at .... paragraph three.
    A. the/the
    B. the/-
    C. a/a
    D. -/-

36. His daughter is ....
    A. as old as your one
    B. so old as yours
    C. as old as yours
    D. so old as your one

37. Tony is looking at ....
    A. she
    B. here
    C. he
    D. her

38. They are responsible .... their actions.
    A. of
    B. for
    C. in
    D. at

39. She delivered ....
    A. a two hours speech
    B. a speech of two hour
    C. a two-hour speech
    D. a speech two hours

40. He is used to .... hard.
    A. work
    B. working
    C. should have worked
    D. have worked

3. Partie 3 – Lisez les textes suivants et les questions qui s'y rapportent

Marquez d'une croix sur la grille les réponses qui correspondent bien au texte. À chaque numéro ne correspond qu'une seule réponse.

A. Experiments have shown that in selecting personnel for a job, interviewing is at best a <u>hindrance</u>, and may even cause harm. These studies have disclosed that the judgements of interviewers differ markedly and bear little or no relationship to the adequacy of job applicants. Of the many reasons why this should be the case, three in particular stand out. The first reason is related to an error of judgement known as the halo effect. If a person has one noticeable good trait, their other characteristics will be judged as better than they really are. Thus, an individual who dresses smartly and shows self-confidence is likely to be judged capable of doing a job well regardless of his or her real ability. Interviewers are also prejudiced by an effect called the primacy effect. This error occurs when interpretation of later information is distorted by earlier connected information. Hence, in an interview situation, the interviewer spends most of the interview trying to confirm the impression given by the candidate in the first few moments. Studies have repeatedly demonstrated that such an impression is unrelated to the aptitude of the applicant.

The phenomenon known as the contrast effect also skews the judgement of the interviewers. A suitable candidate may be underestimated because he or she contrasts with the previous one who appears exceptionally intelligent. Likewise an average candidate who is preceded by one who gives a weak showing may be judged as more suitable than he or she really is.

Since interviews as a form of personnel selection have been shown to be inadequate, other selection procedures have been devised which more accurately predict candidate suitability. Of the various tests devised, the predictor, which appears to do this most successfully, is cognitive ability as measured by a variety of verbal and spatial tests.

41. The word hindrance is closest in meaning to
    A. encouragement
    B. assistance
    C. procedure
    D. interference

42. The word confirm is closest in meaning to
    A. verify
    B. conclude
    C. recollect
    D. misrepresent

43. The word skews is closest in meaning to
    A. biases
    B. opposes
    C. improves
    D. distinguishes

44. The word accurately is closest in meaning to
    A. slowly
    B. correctly
    C. likely
    D. intuitively

45. The word hence is closest in meaning to
    A. however
    B. although
    C. as a result
    D. moreover

46. This passage mainly discusses the
    A. effects of interviewing on job applicants.
    B. inadequacy of interviewing job applicants.
    C. judgements of interviewers concerning job applicants.
    D. Techniques that interviewers use for judging job applicants.

47. According to the passage, the halo effect
    A. stands out as the worst judgement error.
    B. sakes effect only when the candidate is well-dressed.
    C. exemplifies how one good characteristic colors perceptions.
    D. helps the interviewer's capacity to judge real ability.

48. According to the passage, the first impression
    A. can easily be altered.
    B. is the one that stays with the interviewer.
    C. is unrelated to the interviewer's prejudices.
    D. is always accurate.

49. The author mentions all the following reasons why interviewing is not an accurate way to predict candidate suitability EXCEPT the
    A. halo effect.
    B. primacy effect.
    C. contrast effect.
    D. cognitive effect.

50. The paragraphs following the passage most likely discuss which of the following?
    A. other reasons for misjudging candidates.
    B. more information on the kinds of judgmental effects.
    C. more information on cognitive ability tests.
    D. Other selection procedures included in interviewing.

B. A sure sign that Japan's recession is causing pain is when a country of education zealots starts pulling its children out of school. With unemployment at a post-war high of 4.3% and bankruptcies increasing, a growing number of parents are unable to afford what was once their pride and joy in an expensive education for their offspring.

Only anecdotal information exists while nervous authorities sit on the figures. But in one private university in western Japan dropouts have more than doubled in the past three years. Requests by parents for deferrals and installment plans to pay fees are rising -even at some of Tokyo's poshest academic institutions.

A shortage of money is not the only reason why students are leaving prematurely. With lifetime employment a fading memory and only 65% of graduates finding jobs this year, students (notably in art courses) are leaving early, hoping to get a jump on others in the job queue and obtain vocational qualifications to improve their career prospects. Nor are private universities the only ones feeling the chill winds of recession. Private high schools are suffering, too. A survey by a union that represents teachers at private high schools in Miyagi prefecture found almost 10% of parents had been unable to pay their fees for more than three months. Parents are also pruning elsewhere. The Ministry of Education has found that average spending on some educational extras, such as private tutors, cramming schools and home-study courses, went down between 1994 and 1996 by as much as a third.

What has alarmed the authorities is that cutting back on schools fees has long been seen by most Japanese parents as an economy of last resort. One effect has been to halt adrift from public to private schooling. Fees at a typical private high school in Japan can amount to almost Y 1 M ($6,800) a year. After that, four years of tuition plus living expenses at a private university could add another Y 10 M. With public education available for about half that, it is a bargain an increasing number of parents find hard to refuse.

51. The word figures is closest in meaning to

A. faces

B. shapes

C. numbers

D. chairs

52. The word fees is closest in meaning to

A. teachers

B. costs

C. fairies

D. children

53. The phrasal verb <u>cutting back</u> is closest in meaning to
    A. reducing costs
    B. paying for
    C. cutting out
    D. spending on

54. The word <u>to halt</u> is closest in meaning to
    A. to launch
    B. to resume
    C. to start
    D. to stop

55. The word <u>bargain</u> is closest in meaning to
    A. a good buy
    B. an agreement
    C. a Japanese university
    D. a student

56. According to the article, unemployment today in Japan
    A. is at its lowest level since the war.
    B. is at its highest level since the war.
    C. Has had little impact on people's lifestyles.
    D. Is not a major economic concern.

57. All of the following statement are true EXCEPT
    A. Many Japanese students are leaving school early.
    B. Many Japanese parents are having trouble paying their children's school tuition.
    C. Education in Japan is traditionally of great importance.
    D. More students found jobs after graduation this year than in previous years.

58. This article mainly discusses
    A. the effects of Word War II on Japanese society.
    B. the impact Japan's recent recession has had on education.
    C. teenage rebellion in Japan today.
    D. parent/child conflict in Japan.

59. According to the article, the authorities in Japan
    A. give out statistical information freely.
    B. are not overly concerned about the current trend.
    C. pay for the education of those who can not afford the best schools.
    D. are worried about the implications of parents cutting back on education expenses.

60. All of the following statements are true EXCEPT
    A. Private education in Japan is more expensive than public education.
    B. More parents are interested in public education for their children than before.
    C. Public education costs about twice as much as private education.
    D. The shift from public education to private education has stopped.

CORRIGÉ

1. A
2. B
3. C
4. B
5. C
6. A
7. B
8. B
9. A
10. B
11. B
12. B
13. D
14. B
15. A
16. B
17. B
18. C
19. A
20. C
21. A
22. C
23. B
24. A
25. D
26. A
27. A
28. C
29. B
30. D
31. B
32. A
33. A
34. C
35. D
36. C
37. D
38. B
39. C
40. B
41. D
42. A
43. A
44. B
45. C
46. C
47. C
48. B
49. C
50. C
51. C
52. B
53. A
54. D
55. A
56. B
57. D
58. B
59. D
60. C

LE CONCOURS IPAG

LE FORMAT DE L'ÉPREUVE IPAG

Durée : 90 minutes réparties en deux parties de 45 minutes chacune.

L'épreuve se compose de deux parties distinctes :

1. Mécanismes et Compréhension

- 40 questions (30 sur les mécanismes et 10 sur la compréhension)
- 4 propositions pour chaque question
- Il ne peut y avoir qu'une seule réponse juste pour chaque question
- 1 point par bonne réponse
- Cette partie représente 60 % de la note finale

2. Traduction et Expression écrite

- Deux phrases en français à traduire en anglais
- Une question (en français) à traiter en anglais en une dizaine de lignes
- Cette partie représente 40 % de la note finale.

ÉPREUVE D'ENTRAÎNEMENT IPAG

1. Mécanisme et Compréhension

Lisez attentivement les instructions suivantes avant de commencer.

Pour chaque énoncé de cette épreuve, vous seront proposées au plus 4 réponses (réponse A, réponse B, réponse C, réponse D). Il y a une réponse juste et une seule par question, 40 au total. Vous pouvez vous abstenir de répondre à une question. Si vous indiquez plus d'une réponse par question, alors votre réponse sera considérée comme fausse.

Questions 1 à 15 : Complétez les pointillés par la formule adaptée.

1. He .... a few mistakes on the test.
   A. did
   B. made
   C. make
   D. does

2. Does it .... If I'm a bit late?
   A. care
   B. mind
   C. matter
   D. cares

3. If she had been treated with respect ....
   A. she would not leave the company.
   B. she would not have left the firm.
   C. she will not leave the organization.
   D. she will not left the company.

4. He had to pay a .... for parking in a prohibited area.
   A. fee.
   B. bill.
   C. fine.
   D. fare.

5. It's .... not mine.
   A. hers
   B. her
   C. herself
   D. your

6. We've been waiting .... twenty minutes.
   A. since
   B. on
   C. from
   D. for

7. The company wants to .... its target.
   A. reach
   B. touch
   C. feel
   D. shoot

8. We are late .... the traffic.
   A. because of
   B. because
   C. due
   D. cause

9. He should be at work .... now.
   A. on
   B. in
   C. by
   D. over

10. They swim in the winter. .... in the cold.
    A. They are used to swim
    B. They would swim
    C. They used to swim
    D. They are used to swimming

11. I was very sad because ....
    A. someone remembered to call me.
    B. anyone remembered to call me.
    C. no one remembered to call me.
    D. B and C are correct.

12. I miss .... in New York.
    A. living
    B. live
    C. to live
    D. have lived

13. A bomb went .... in the town centre.
    A. off
    B. up
    C. on
    D. out

14. .... hard they tried, they couldn't win.
    A. Although
    B. However
    C. Despite
    D. In spite of

15. I'm .... her to call any minute now.
    A. waiting
    B. hoping
    C. looking forward
    D. expecting

Questions 16 à 30 : Quelle expression se rapproche le plus du sens de l'expression soulignée ?

16. It was an <u>eleventh-hour</u> decision.
    A. Eleven o'clock in the morning.
    B. Eleven o'clock in the evening.
    C. Last minute.
    D. Well thought out.

17. They worked flat out to try and finish.
    A. As hard and fast as you possibly can.
    B. Harder than others.
    C. Quickly.
    D. All night.

18. I gave him a piece of my mind.
    A. Expressed an opinion.
    B. Had brain surgery.
    C. Made a compliment.
    D. Criticised strongly and angrily.

19. The company is in the black.
    A. In the dark due to a power outage.
    B. Unsure about its future.
    C. Has a positive financial situation.
    D. Has an affirmative action program

20. His father pulled a few strings for him.
    A. Is a puppet master.
    B. Is a mountain climber.
    C. Manufactures rope.
    D. Used his influence and contacts.

21. He was born with a silver spoon in his mouth.
    A. He was born in a poor family.
    B. He has good manners.
    C. He was born in a rich family.
    D. He has excellent speaking skills.

22. The boss picked up the tab.
    A. Paid for everyone.
    B. Took full responsibility.
    C. Cleared the table.
    D. Lifted his glass to say ‘Cheers’.

23. Times are tough. We'll have to <u>tighten our belts</u>.
    A. Buy fewer clothes.
    B. Be careful with what we spend.
    C. Be careful with our calorie intake.
    D. Go out more often.

24. He was <u>caught red-handed.</u>
    A. Discovered doing something illegal or immoral.
    B. Discovered with his hands painted red.
    C. Embarrassed.
    D. Ashamed.

25. She passed with <u>flying colours</u>.
    A. Failed the exam.
    B. Did very well.
    C. Red, white and blue.
    D. An average grade.

26. He got <u>a raw deal</u>.
    A. Was treated fairly.
    B. Was given uncooked meat.
    C. Was given a promotion.
    D. Was treated unfairly.

27. Let me <u>set the record straight</u>.
    A. Correct a mistake or misunderstanding.
    B. Be honest.
    C. Give a summary.
    D. Tell a story.

28. We <u>see eye to eye</u>.
    A. Disagree.
    B. Are very close.
    C. Agree.
    D. Are looking at each other.

29. She is as <u>cool as a cucumber</u>.
    A. Someone who does not panic.
    B. Someone who has no personality.
    C. Someone who is cold.
    D. Someone who is indifferent.

30. I am <u>all ears</u>.
    A. I have big ears.
    B. I am blind.
    C. I have lots of spies.
    D. I am listening attentively.

Lisez attentivement le texte suivant avant de répondre aux questions 31 à 40.

Many of the Starbucks stores post a sign which reads, 'Starbucks: Drink Deeply, Relax, and Be Inspired.' We are invited to 'kick back' and unstress. On its website and in brochures, the corporation presents itself as socially responsible and green. But to what extent does Starbucks provide us with a deep drink, relaxation, and inspiration?

(a personal journey by Gene C. Sager)

Starbucks chief Howard Schultz has said he would like his stores to be our 'third place,' after home and work. Starbucks would be a third place where we can 'chat and connect.' Is Schultz serious, or is this just rhetoric-nice sounding talk that perpetuates a myth? I have chatted and connected in *kissaten* (Japanese coffee houses) where customers enjoy three stories of comfortable seating; in such a place, people do feel like lingering for hours. But Starbucks has not created an atmosphere where we feel like chatting and connecting. Rather, the stores are coffee convenience stores. Starbucks is fast drinks to go. Our on-the-go culture thrives on a quick fix, always the same product and same atmosphere-a clone store. We can count on it to be the same everywhere, just like our Shell station and our McDonalds. The stores provide no respite from the on-the-go, all-the-same convenience culture that has come to define us.

If relaxing in the 'third place' is a laughable myth, what about the inspiration provided by Starbucks' social and environmental responsibility? The corporation's public pronouncements clearly emphasize these responsibilities, and they show an awareness of buzz words, such as 'post consumer recycled and 'CO2 equivalents'. Also lauded are the corporation's contributions to traditional philanthropic benefits such as health clinics, schools, and housing projects here and in foreign countries. And Starbucks want to know what people think: 'How are we doing?' as they say. I seized the opportunity to let them know.

The most important responsibility of large corporations concerns the way they affect fundamental economic and environmental patterns on a global scale. So how is Starbucks doing? One case in point is switching from non-renewable to renewable energy sources. The United States Department of Energy has a green power network which encourages and assists corporations who want to purchase renewable power. Plenty of renewable energy is available. However, Starbucks says it will only purchase 5% of its retail energy from renewable resources. What about fair trade policies? Starbucks says it buys fair trade coffee. I wanted to support Starbucks in this worthy cause, so I asked the barista (one who has acquired some level of expertise in the preparation of espresso-based coffee drinks) for a cup of fair trade coffee. She replied that Starbucks prefers to call it *Café Estima*. 'O.K., I'll have a cup.' But it turns out that *Café Estima* is only available in bags, some with whole beans, some ground. Starbucks stores and some supermarkets sell the beans, but the reality is that people think of Starbucks coffee as a fresh brew ready to drink –95% of the customers buy a hot cup and leave. Starbucks' own statistics indicate how much fair trade coffee they buy: l.6% of their total coffee bean purchases are fair trade. Starbucks purchases a small amount of fair trade beans from some growers, roasts them, and bags them –but hardly anyone buys them. For all practical purposes, Starbucks is not engaged in fair trade.

When I first heard about Starbucks, a friend told me the chain was a green corporation with a conscience. Hearing this, I suppose I formed a myth in my mind. I imagined I could go to Starbucks and relax, finding it spacious enough and quiet enough to linger. I assumed I would be drinking from a ceramic mug or a paper cup made mostly from post-consumer recycled material. I imagined the coffee would be brewed with energy from renewable sources. I thought I would be inspired because the coffee would be fair trade coffee. Having dispelled these myths, I am 'dis-illusioned' in both senses of the word-free of illusions and saddened by my findings. But one avenue of hope has been opened by Starbucks –it professes to care about what we think. So we should boycott the Big Star and let them know why. Starbucks is big and strong. Its large profits can take a setback while its directors decide what the term 'social and environmental responsibility' really means.

Questions 31 à 40 : Quelle réponse se rapproche le plus du sens du texte ?

31. According to the writer, Starbucks cafes are:

 A. convivial places where we can linger for hours.

 B. a 'third place'.

C. the same everywhere.
D. clone factories.

32. Buzz words are:
A. ridiculous.
B. fashionable.
C. 'post consumer recycled'.
D. CO2 equivalents.

33. Café Estima:
A. is fair trade coffee.
B. is expensive.
C. is cheap.
D. is of Spanish origin.

34. Starbucks is lauded for its philanthropy:
A. means that it is criticized.
B. means that it is not recognized.
C. means that it builds hospitals.
D. means that it is praised for its charity work.

35. Starbucks is not engaged in fair trade because:
A. 95% of its customers buy hot cups and leave.
B. only 1.6% of its bean purchases are fair trade.
C. it doesn't believe in using renewable energy.
D. it exploits the baristas.

36. The United States Department of Energy:
A. sells only 5% of its renewable energy.
B. does not offer help to Starbucks stores.
C. promotes solar energy.
D. assists companies with its green power network.

37. Howard Schultz portrays Starbucks as:
A. a place of relaxation and inspiration.
B. coffee convenience stores.
C. McDonalds-like.
D. a cybercafe.

38. Starbucks is successful because:
    A. it has a very good marketing team.
    B. its chief is a charismatic leader.
    C. it is socially responsible and green.
    D. it thrives in our fast-paced on-the-go culture.

39. Gene C. Sager is disillusioned because:
    A. there are no ceramic mugs at Starbucks.
    B. Starbucks is not a relaxing place.
    C. he knows the truth and it makes him sad.
    D. kissaten are better than Starbucks.

40. The writer believes that:
    A. we should stop going to Starbucks.
    B. Starbucks is too big and strong.
    C. Starbucks' directors are bad people.
    D. social and environmental terms are difficult.

2. Traduction et Expression écrite

Cette deuxième partie se compose de deux exercices :

A. Traduisez en anglais les phrases suivantes.

1. Starbucks se décrit comme un endroit convivial où les gens viennent se reposer, écrire, discuter. Cette image idyllique ne correspond pas forcément à la réalité.

2. Certaines entreprises utilisent le commerce équitable comme un outil marketing dans le but de vendre.

B. Répondez à la question (environ 10 lignes). La clarté de la traduction autant que l'utilisation d'expressions idiomatiques entreront dans l'appréciation du correcteur.

Les entreprises sont-elles aujourd'hui moralement obligées de mener une politique en faveur de l'environnement et du commerce équitable ?

CORRIGÉ

1. Mécanismes et Compréhension

1. B	11. C	21. C	31. C
2. C	12. A	22. A	32. B
3. B	13. A	23. B	33. A
4. C	14. B	24. A	34. D
5. A	15. D	25. B	35. B
6. D	16. C	26. D	36. D
7. A	17. A	27. A	37. A
8. A	18. D	28. C	38. D
9. C	19. C	29. A	39. C
10. D	20. D	30. D	40. A

2. Traduction et Expression écrite

A.

1. Starbucks describes itself as a convivial place where people come to relax, write and discuss. This idyllic image does not necessarily correspond to reality.

2. Some companies use fair trade as a marketing tool in order to sell.

B.

Business and ethics are closely interconnected and not separate entities. By choosing to operate in a country where basic human rights are not respected, companies are making a moral choice not just an economic one. Issues of social, economic and environmental justice have been receiving an increasing amount of media attention. As a result, more and more consumers are basing their purchasing choices on such criteria as a products' environmental-friendliness or a firm's ethical record. Furthermore, as companies use our planet's natural

resources in order to produce, it is in their own interest of survival to take environmental costs into consideration. By using renewable energy sources and biodegradable packaging, by offering fair prices and fair wages to workers everywhere, they are ensuring their own long-term survival while at the same time making this world a better place to live in.

LE CONCOURS PRISM

LE FORMAT DE L'ÉPREUVE PRISM

Durée : 60 minutes

L'épreuve se compose de trois parties distinctes :

1. Compréhension de Texte

- Un texte d'environ deux pages
- 15 questions sous forme de QCM sur des aspects généraux ou ponctuels du texte
- 4 propositions pour chaque affirmation
- Il ne peut y avoir qu'une seule réponse juste pour chaque affirmation
- 1 point par bonne réponse
- -1 pour une réponse fausse
- 0 en cas d'absence de réponse

2. Vocabulaire

- 15 questions sous forme de QCM
- 4 propositions pour chaque question
- Il ne peut y avoir qu'une seule réponse juste pour chaque question
- 1 point par bonne réponse
- -1 pour une réponse fausse
- 0 en cas d'absence de réponse

3. Grammaire

- 15 questions sous forme de QCM
- 4 propositions pour chaque question
- Il ne peut y avoir qu'une seule réponse juste pour chaque question
- 1 point par bonne réponse
- -1 pour une réponse fausse
- 0 en cas d'absence de réponse

ÉPREUVE D'ENTRAÎNEMENT PRISM

Unquotable

On January 1st, trade in clothes and textiles will be free of the quotas that have bound it for the past 30 years. In many poor countries, the industry will have to fight to survive. In rich countries, it will only have to lobby harder.

SPINNING, weaving, dyeing and stitching-garment making has been in the vanguard of most of the world's industrial revolutions, from the Lancashire mills of the 19th century to the Hong Kong sweatshops of the 1980s. Labour-intensive, with low start-up costs, the industry still provides the first vital foothold in global manufacturing for many poor countries. The textiles and clothing industries employ over 2m people in Bangladesh. They account for over 70% of the merchandise exports of Pakistan and Cambodia. They are at the heart of the economic miracles in Vietnam and Mauritius.

Poor countries can enter this global market readily, but until now they have been unable to sell their wares freely. Some of the biggest importers, including the United States, the European Union and Canada, have imposed quotas on what they will buy from poor countries, under a series of "temporary" arrangements that have lasted 30 years. Countries like China and India, with legions of budding textile workers, can sell only as many shirts, jeans and towels to America as their quotas permit, not as many as the market will bear. On January 1st, this system will come to an end, when the current quota scheme, the Agreement on Textiles and Clothing (ATC), negotiated in 1995, finally expires. A trade which has revolutionised so many economies around the world will itself undergo a revolution.

Quotas are a particularly perverse kind of protectionism. Like tariffs, they distort markets and harm consumers: they restrict the supply of a good, thus raising the price consumers must pay. But unlike tariffs, which are collected by the government, quotas are of value to the exporter that fills them, not the state that imposes them. They give exporters the opportunity to overcharge an underserved market.

The repeal of the quotas is, then, a mixed blessing for exporters. Quotas create the opportunity to earn excess profits. When they are gone, exports will rise, but prices will fall. According to some simulations, exporting countries will actually lose out in the short run.

Whether exporters as a whole win or lose, there will be winners and losers among them. Quotas ensure that no exporting country dominates the market, and many participate in it.

Even China (excluding Hong Kong) held only 16% of America's clothing market in 2002; while seven of the top ten exporters could claim less than 5% each. But this fragmentary situation will inevitably change once the quotas are abolished. A simulation by Hildegunn Nordas, a staff economist at the World Trade Organisation (WTO), predicts that China will grab half of America's clothing market and 29% of the EU's. If the current pattern of trade resembles an uneven patchwork, some fear the new pattern will be made from whole cloth, as China wraps up the market for itself.

Economic history is full of instances of sheltered industries that could not survive exposure to an open market. Might Bangladeshi garment-makers become another such example? According to a June report by the International Monetary Fund, the country could lose a quarter of its exports and 2.3m jobs once quotas are lifted. They will not be the only country to suffer. The simulations of Ms Nordas show Turkey, North Africa and Eastern Europe being partially squeezed out of the EU clothing market, while African and Mexican garment-makers lose a substantial share of the American market.

But, Ms Nordas points out, such simulations are too sweeping in their conclusions, failing to capture many wrinkles in the clothing industry. Most economic models are driven by costs alone, in which China enjoys a marked advantage. But in the fast-moving world of fashion, time counts as well as money. Garments are increasingly seen as a "perishable good", she says, which must be brought to market as quickly as possible. Thus geography will remain crucial. Sharing a border with the EU, for example, can multiply a country's trade ninefold, she calculates.

Risk also matters. Buying everything from China may be the cheapest option, but it may not be the safest. If supply is disrupted from one location, retailers want to be able to call quickly on another. Buyers will be less promiscuous than they are now. But they will not marry themselves to only one nation of suppliers.

Perhaps the biggest risk of all is politics. America's own textiles and clothing industries lost 655,000 jobs between 1995 and 2002. But though they have ceded ground in the marketplace, the industries still hold their own in the lobbies of Capitol Hill. Even after the abolition of all quotas, the textile lobbyists will be pressing for "anti-dumping" measures and the like. At their urging, America's Commerce Department has already slapped new restraints on imports from China of bras, gowns and knitted fabrics, which were freed from quotas earlier than other textile goods, in 2002. America will impose a month-long embargo in January on Chinese goods that were reportedly « overshipped", that is, imported in excess of their quota, in 2004. And it is contemplating no fewer than 11 requests from industry lobbyists to block imports of several other products, such as trousers and shirts. The EU has levelled its own threats.

To placate its protectionist antagonists, China this month decided to impose taxes on its exports. This will raise their price and blunt their competitiveness, much as an import tariff or quota would do. But this way at least the Chinese government gets to collect the revenues.

In recent years, the Chinese industry -always seen as predator, never as a victim- has gone through wrenching changes that America's textile lobby could scarcely contemplate. Its textiles sector has shed almost 2m workers since 1995 and employment in the clothing industry has levelled off as productivity has soared. China will have to wait for its fair share of the global market. It has already received more than its quota of rich-world protectionism.

Dec. 28th 2004
From The Economist Global Agenda

1. Compréhension

Choisissez la bonne réponse.

1. The textile industry is the .... industry in many poor countries.
   A. labour-intensive
   B. main
   C. global
   D. start-up

2. In Bangladesh .... work in the textiles and clothing industry.
   A. 70%
   B. 2 million
   C. more than 2 million
   D. poor countries

3. Until now, the poor countries have .... to sell all their textile products around the world.
   A. authorisation
   B. been able
   C. not been able
   D. appeared more than able

4. For the past 30 years the big importers such as Europe and the U.S have ....
   A. controlled their textile and clothing exports
   B. limited the amount of textile and clothing imports
   C. bought textiles and clothing
   D. made temporary arrangements

5. On January 1st, the .... will finally expire.
   A. current quota system
   B. textile workers
   C. trade
   D. tariffs

6. The price that consumers pay for goods .... when the supply of the goods is restricted.
   A. decreases
   B. is distorted
   C. increases
   D. doesn't change

7. .... give the exporters the opportunity to overcharge an under-served market and make profits.
   A. Tariffs
   B. Quotas
   C. The Government
   D. The State

8. By removing the quotas, ...
   A. exports will rise
   B. exports will fall
   C. exports will remain unchanged
   D. prices will rise

9. An economist for the WTO has predicted that China will .... the market once the quotas are abolished.
   A. increase
   B. decrease
   C. take over
   D. cease to exist on

10. According to a report by the international monetary fund, Bangladesh could lose .... of its exports once the quotas are lifted.
    A. 50%
    B. 75%
    C. 25%
    D. 20%

11. Buying everything from China could prove risky because of ....
    A. the cost
    B. the safety
    C. disrupted supplies
    D. promiscuous buyers

12. « Pressing » for anti dumping measures means :
    A. making an urgent request for
    B. accepting
    C. encouraging
    D. refusing

13. In January 2005, America will pose a month-long embargo on ....
    A. Chinese bras, gowns and knitted fabrics
    B. Chinese shirts and trousers
    C. textile lobbyists
    D. overshipped Chinese textile goods

14. The Chinese government will be able to collect extra revenues by ....
    A. taxing its exports
    B. taxing its imports
    C. putting quotas on its exports
    D. putting tariffs on its imports

15. China has lost nearly 2 million textile workers ....
    A. 10 years ago
    B. in the last 10 years
    C. in 1995
    D. in America

2. Vocabulaire

Choisissez la bonne réponse.

1. Domestic sales .... 6% over the last year.
   A. raised
   B. rose
   C. risen
   D. arisen

2. Our headquarters are .... in Mountain View, California.
   A. positioned
   B. located
   C. set out
   D. established

3. The bank has .... approved our loan application.
   A. currently
   B. already
   C. eventually
   D. always

4. On-line banking .... you check your bank balance whenever you want.
   A. lets
   B. enables
   C. allows
   D. permits

5. Television was invented by a .... engineer.
   A. Scot
   B. Scottish
   C. Scotch
   D. Scotland

6. Who are our existing ....?
   A. customers
   B. people
   C. consumators
   D. customs

7. What do we know about our ....?
   A. opponents
   B. opposites
   C. competitors
   D. compliments

8. When you travel by plane, you can choose to sit by the window or in an .... seat.
   A. passage
   B. corridor
   C. aisle
   D. outside

9. I bought .... bottled water before the trip.
   A. a lot of
   B. a few
   C. twelve
   D. many

10. You can use your bank card to .... cash at ATMs worldwide.
    A. put
    B. transfer
    C. withdraw
    D. pay

11. Hotel employees are .... to knock before entering a room.
    A. requited
    B. required
    C. repulsed
    D. requisite

12. The training session has been changed from 8.30 .... 9.00.
    A. at
    B. to
    C. in
    D. by

13. The meeting is postponed .... Mr Tan's plane was late.
    A. although
    B. while
    C. because
    D. with

14. Mr Nolde called to cancel his ....
    A. schedule
    B. calendar
    C. appointment
    D. time

15. Mr Jones will interview .... applicants tomorrow morning.
    A. job
    B. career
    C. occupation
    D. chore

3. Grammaire

Choisissez la bonne réponse.

1. The students write cards to .... during the holidays.
    A. themselves
    B. ourselves
    C. each other's
    D. one another

2. I've just rented .... video. Great ! Which one ?
   A. the
   B. some
   C. a
   D. any

3. Coffee is .... in Columbia.
   A. grow
   B. grew
   C. been growing
   D. grown

4. The meeting won't ....
   A. cancel
   B. be cancelled
   C. cancelled
   D. been cancelled

5. How often .... your car serviced since you bought it?
   A. do you get
   B. did you get
   C. had you got
   D. have you had

6. That book was written .... Maya Angelou.
   A. at
   B. by
   C. from
   D. of

7. I don't know. That depends .... your schedule.
   A. on
   B. at
   C. from
   D. of

8. The manager from the headquarters .... us this afternoon.
   A. visits
   B. would like a visit
   C. would visit
   D. is visiting

9. If we don't see .... soon, we will cancel the project.
   A. one progress
   B. a progress
   C. any progress
   D. the progress

10. The messenger left the package .... the receptionist's desk.
    A. at
    B. to
    C. until
    D. by

11. .... the team worked very hard, their proposal was not accepted.
    A. Because
    B. Although
    C. Before
    D. Where

12. That printer operates .... as the computer.
    A. quietly
    B. as quiet
    C. quiet
    D. as quietly

13. The company has never permitted employees .... public statements.
    A. making
    B. to make
    C. make
    D. made

14. If I .... this report before 2pm, my secretary will type it.
    A. finish
    B. will finish
    C. has finished
    D. am finishing

15. The seminar was cancelled because the invitations were not .... in time.
    A. print out
    B. printed
    C. printing
    D. print

CORRIGÉ

1. Compréhension	2. Vocabulaire	3. Grammaire
1. B	1. B	1. D
2. C	2. B	2. C
3. C	3. B	3. D
4. B	4. A	4. B
5. A	5. B	5. D
6. C	6. A	6. B
7. B	7. C	7. A
8. A	8. C	8. D
9. B	9. A	9. C
10. B	10. C	10. A
11. B	11. B	11. B
12. A	12. B	12. D
13. D	13. C	13. B
14. A	14. C	14. A
15. B	15. A	15. B

LE CONCOURS PASS

LE FORMAT DE L'ÉPREUVE PASS

Durée : 60 minutes

L'épreuve se compose de deux parties distinctes :

Un test audio : « Listening Test » en 50 questions de type QCM

- Cette épreuve mesure le niveau de compréhension de l'anglais à l'oral dans des conditions réelles (différentes voix et accents, élocution rapide ou plus lente, termes du langage courant ou professionnel).
- Les questions sont posées par des professeurs anglais et américains sur un CD ; les propositions de réponse figurent quant à elles sur un support écrit remis au candidat.
- Une fois le CD lancé, aucun retour en arrière n'est possible.
- Les éléments du texte sont dits une fois sans répétition.
- Les textes littéraires sont généralement écartés au profit de textes liés à l'actualité, à la vie quotidienne ou professionnelle.
- Chaque QCM est suivi de 4 propositions
- Une seule réponse juste pour chaque question
- 1 point par bonne réponse
- 0 pour une réponse fausse ou l'absence de réponse

Un test écrit « Use of English » en 50 questions de type QCM

- Le test porte sur la grammaire, l'expression écrite, le vocabulaire spécifique du monde de l'entreprise et des affaires.
- Chaque QCM est suivi de 4 propositions
- Une seule réponse juste pour chaque question
- 1 point par bonne réponse
- 0 pour une réponse fausse ou l'absence de réponse

ÉPREUVE D'ENTRAÎNEMENT PASS

Ces exemplaires du "Listening Comprehension Test" sont une transcription intégrale de l'épreuve proposée aux candidates. En conditions réelles d'examen, tous les éléments de sujet (conversation, textes...) sont enregistrés sur un CD.

LADIES AND GENTLEMEN, THIS IS YOUR CAPTAIN SPEAKING. On behalf of the Concours Pass flight crew, let me welcome you aboard PASS-PORT English. During our flight together you will have a series of exercises to help determine your proficiency in both written and spoken English. For the entire test please remember that you are asked to choose just one answer for each question according to what you have read or heard. Then you should mark that answer clearly on your answer sheet by filling in the corresponding space. The sample question has been done for you to use as an example. Takeoff will be in just a few seconds, so fasten your seatbelts and enjoy your flight!

PART I

Directions

In Part I you will hear short dialogues between two people. Each dialogue is followed by one question. Neither the dialogues nor the questions will be repeated. In your test book you will read the question heard on the CD and four answers to that question.

Now listen to a sample question

Man. – I just don't know what to do for my next vacation!

Woman. – Why don't you come with us to Morocco?

Man. – Unfortunately, hot weather really isn't my cup of tea.

Narrator. – What does the man mean?

In your test book you read:

What does the man mean?

A. He has never been to a hot country B. He would love to go

C. He does not like hot weather D. He takes his tea hot

*The best answer to the question "What does the man mean?" is choice **C**, "He does not like hot weather." Therefore, you should choose answer **C**.*

Questions 1 trough 20.

Now begins Part I.

Woman. – So, what do you think about George?
Man. – Well, one thing I can say is that he sure is absent-minded.
Narrator. – How does the man describe George?

A. Forgetful
B. Relaxed
C. Proud
D. Egotistical

Man. – Oh no!
Woman. – What's the matter?
Man. – I just remembered that I forgot to turn on my answering machine.
Narrator. –What is the man's problem?

A. He does not feel turned on
B. He is worried about not receiving messages
C. He does not know the answer
D. He will be late for a meeting

Woman. – Ben, do you think you could come over this weekend to help me out?
Man. – Sure I will… unless you try to pay me like last time.
Narrator. – What does the man mean?

A. He does not want to help
B. He will help if the woman pays
C. He will help for free
D. He does not have very much time

Man. – Do you think you could type this letter for me?
Woman. – Of course, but can it wait until after I've finished this report?
Man. – Sure, as long as we mail it by tonight.
Narrator. – What is the woman's job?

A. Mail carrier
B. Secretary
C. Reporter
D. Waitress

Woman. – So, what do you think?
Man. – I have to say it's not as tasty as I had hoped.
Woman. – Really? I could go for another serving in a heartbeat!
Narrator. – What are the speakers talking about?

A. The lack of hope nowadays
B. The speed of the service
C. The quality of the food
D. The art in the restaurant

6. Man. – Did you read the paper this morning?
Woman. – Neither this morning's nor yesterday's. I just didn't find the time to buy one.
Man. – You really ought to get it delivered!
Narrator. – Why didn't the woman read today's paper?
A. She read yesterday's instead
B. It was not delivered on time
C. She thinks it is a waste of time
D. She did not have time to buy one

7. Woman. – So, did you go to New York last weekend?
Man. – I was going to, but my friend John called to say that he was out of town, so I went to Boston instead.
Narrator. – What do we know about the man?
A. He went to New York last weekend
B. He went to New York before last weekend
C. He called his friend John
D. He went to Boston

8. Man. – Should we go see Fred tonight?
Woman. – No, Fred's going to the opera with Tina tonight.
Man. – Oh, she finally convinced him then.
Narrator. – What had the man assumed about Fred?
A. He did not want to go to the opera
B. He did not want them to visit him
C. He was looking forward to going to the opera
D. He was a convincing man

9. Woman. – Do you really think we won't have any homework over the holidays?
Man. – You know I'm not the biggest fan of Mr. Simmons, but he sure doesn't go back on his word.
Narrator. – What is said about Mr. Simmons?
A. He gives too much homework
B. He does not break promises
C. He is one of the most popular teachers
D. He is full of hot air

10. Woman. – Hurry up, we don't have much time. The store closes at 6:00.
Man. – Sorry to break the bad news, but it closed 30 minutes ago. They close at 5:00 on Fridays.
Woman. – Well in that case, why don't we come back tomorrow at 4:00?
Narrator. – What time is it?
A. 4:00
B. 5:00
C. 5:30
D. 6:00

11. Man. – I don't know what to think about tonight's seminar. It sounds a bit boring.
Woman. – Are you kidding? I've been looking forward to it all week!
Narrator. – What does the woman say about the seminar?
A. It will be the best of the week
B. She has done much research on it
C. She is impatient to go to it
D. It will be boring

12. Woman. – I think it's a great idea for the group to go together to the U.S. this summer. I hope
I can get a cheap plane ticket.
Man. – I bought mine 9 months ago.
Woman. – Yeah, that's what I should have done.
Narrator. – What do we know about the woman?
A. She is going to buy a plane ticket this summer
B. She has bought a plane ticket
C. She regrets not having bought her plane ticket in advance
D. She is too cheap to buy her own ticket

13. Man. – So, what do you think, Jill?
Woman. – It's an interesting discussion. I'd like to take part in it, if you don't mind.
Narrator. – What does the woman mean?
A. She agrees with what was said
B. She wants to participate
C. She minds their discussion
D. She wants to take in the discussion

14. Woman. – Where do you want to sit?
Man. – Why not up here at the front, Mr. Harris has a pretty soft voice.
Woman. – Good idea! He writes pretty small too.
Narrator. – Where are the speakers?
A. In a classroom
B. At the hair dressers
C. In a cinema
D. At a concert

15. Man. – I think the kids are wonderful.
Woman. – Come spend the whole weekend with us then, and you'll see how they'll get on your nerves.
Narrator. – What does the woman mean?
A. He could be helpful with the kids
B. The kids would enjoy spending time with him
C. The man would enjoy spending time with the kids
D. The man could change his opinion

16. Woman. – I just love the new color.
Man. – It's flashy enough, but I miss the old one.
Narrator. – What does the man say?
A. He prefers the old color
B. He prefers the new color
C. He never saw the old color
D. The old design was flashier

17. Man. – What about bringing Tom along with us?
Woman. – That isn't such a bad idea.
Narrator. – What does the woman mean?
A. It would be a mistake to bring Tom with them
B. Tom would never come with them
C. Tom does not have any ideas
D. Bringing Tom is a good idea

18. Woman. – Did you hear that Mike is running for president?
Man. – He doesn't stand a chance!
Narrator. – What does the man mean?
A. He can not stand Mike
B. Mike does not have enough luck to become president
C. He should stand before he runs
D. Mike will most probably not become president

19. Man. – So, how's your report coming along?
Woman. – So far, so good.
Narrator. – What does the woman mean?
A. She is far from finished
B. The progress is good up to this point
C. It is too good to be true
D. Poorly

20. Woman. – Call everyone and tell them that tonight's meeting has been reschedu
Man. – I don't think they're going to be too happy.
Woman. – Well to tell you the truth, at this point I really don't care!
Narrator. – What is the news?
A. There will be no meeting
B. The meeting will take place at a different time
C. The meeting will take place more than once
D. The woman is having a bad hair day

Part II

Directions

In Part II there are 20 incomplete sentences, each with four words or phrases given beneath. You are to choose the one word or phrase that best completes the sentence. You will have 15 minutes to complete Part II, and the time remaining will be given after 10 and 14 minutes. You may now begin.

21. The man got angry .... we were making too much noise.
A. so B. because C. while D. for

22. If there .... better opportunities here, I would not move so far away.
A. were B. would be C. is D. will be

23. It's midnight and he hasn't finished .... !
A. still B. already C. yet D. neither

24. He's a very good team player; .... he always listens carefully.
A. nevertheless
B. on the other hand
C. for example
D. in spite of

25. Since 1999, they .... to very few countries.
A. travel
B. are traveling
C. have traveled
D. will have traveled

26. Have Mr. Smith........... the email before he goes home this evening.
A. send B. sending C. sent D. has sent

27. The negotiations will take place .... Boston.
A. to B. in C. the D. at

28. If the general public .... less TV, advertisers will have to find a new means of communication.
A. will watch
B. has watched
C. watched
D. watches

29. Personal income has risen significantly less than the cost of ....
    A. live B. life C. lived D. living

30. Culture .... as the act of developing intellectual and moral faculties, especially by education.
    A. definable B. it is defined C. can be defined D. to be defined

31. We were not able to make a copy because the printer was out of ....
    A. print B. order C. working D. work

32. The rules are established by the director .... are not negotiable.
    A. and B. or C. to D. by

33. Mr. Jones and I will .... a meeting sometime next month.
    A. arrange B. apply C. arrive D. argue

34. Some companies are facing serious challenges in an .... competitive global market.
    A. increasing B. increasingly C. increase D. increases

35. There is not only a strong need for us to rethink our whole supply chain, but also the way our company............
    A. organized B. organizer C. organizes D. is organized

36. We apologize for the .... during our store renovation.
    A. inclination B. acclimation
    C. inconvenience D. incentive

37. .... he had shown significant improvement, he still wasn't able to pass the exam.
    A. Although B. However C. But D. Meanwhile

38. We have seen a dramatic increase in the number of households with broadband internet connections ....
    A. late B. latest C. lateness D. lately

39. If my best friend .... in trouble, I would be the first to know.
    A. is B. were C. will be D. would be

40. .... person who learns English runs the risk of forever falling in love with this beautiful language.
    A. All B. Every C. Some D. Most

Part III

Directions

In Part III you will hear three short news stories from the show "True News". Each story is followed by three questions. The news stories are about a number of different subjects and will not be repeated. In your test book you will read the questions and four proposed answers to each question. The question numbers will be said by the narrator in order to indicate how much time you have.

Questions 41 through 43 refer to the following news story.

Freiburg, Germany – A cheating husband was exposed after his wife's parrot imitated him calling out another woman's name.

Frank Ficker, was having an affair with a woman named Uta. His romantic rendezvous were observed and apparently "recorded" by the family's pet parrot, Hugo.

Petra Ficker, said, "Hugo always liked to mimic Frank and he could do his voice perfectly." The parrot could "do" Frank asking who's at the door and yelling at the nephews, however one day Petra heard Hugo "doing" something she had never heard before.

"I heard him doing Frank's voice, but saying 'Uta, Uta'," said Petra.

Petra turned the house upside down and found two plane tickets for a weekend break in Paris booked for her husband – and a mystery woman named Uta.

"I kicked him straight out. It's just me and my parrot now," said Petra.

41. What is the subject of this news story?
    A. A parrot that learns to call out his master's name
    B. An unfaithful parrot
    C. A man and his helpful parrot
    D. An unfaithful husband and how he was caught

42. What do we learn about the parrot?
    A. Its name is Uta
    B. It began to speak when it saw something unusual
    C. It has been able to say various things for quite some time
    D. It will soon be going to Paris

43. Who does Petra live with?
    A. A mystery woman named Uta
    B. A man named Frank
    C. A parrot
    D. All of the above

Questions 44 through 46 refer to the following news story.

MICHIGAN CITY, Ind. – A woman says she was suspended from her job for spending too much time trying to rescue a squirrel trapped in the ceiling of the library where she works.

Cindee Goetz said she contacted a friend who owns an animal-removal business about the animal after a company hired by the library tried using a trap that would kill it.

"It's a real pickle to be in, me being compassionate toward animals," Goetz said. She was officially accused of going around the chain of command and paying more attention to the animal than her job.

Judy Hamilton, the library's executive director, said the suspension followed other animal problems with Goetz and called it a "severe situation" she simply couldn't ignore.

Goetz said that she was reprimanded last year for caring for an abandoned bird during work, but also said she planned to return to her job after the one-week suspension.

44. What is the subject of this news story?
    A. A woman in trouble for abusing animals
    B. A woman in trouble for taking care of animals
    C. A woman rewarded for abusing animals
    D. A woman rewarded for taking care of animals

45. What exactly did Ms. Goetz do?
    A. She tried using a trap that would kill a squirrel
    B. She neglected her work while trying to save animals
    C. She tried to create an animal shelter at her workplace
    D. None of the above

46. What is Ms. Goetz's professional situation today?
    A. She quit her job at the library
    B. She lost her job at the library
    C. She was promoted at her job at the library
    D. She was suspended at her job at the library

Questions 47 through 49 refer to the following news story.

A new beer has been launched in Germany which contains nicotine and 6.3 per cent alcohol.

Alcohol Healthwatch in New Zealand said drinking three 250ml cans was the equivalent of smoking three packets of cigarettes.

Alcohol Healthwatch director Rebecca Williams said the new beer was seen overseas as a way of getting around smoking bans in public places.

There was no sign yet of it being introduced in New Zealand where smoking has been banned in public bars since December last year, forcing smokers in bars to go outside for a cigarette.

Ms. Williams said she would oppose the introduction of beer containing nicotine.

She said alcohol was a depressant and the other drugs and additives were stimulants and the impact on users was not well known and that therefore she had no choice but to be against such a new product.

47. What is the subject of this news story?
 A. A new and controversial beer from Germany.
 B. The history of German beer.
 C. A new study showing the effect of mixing alcohol with drugs and additives.
 D. Smoking being banned in public bars.

48. Drinking one can of the beer mentioned is said to be the equivalent of:
 A. Twice the alcohol of a normal beer
 B. One packet of cigarettes
 C. Three packets of cigarettes
 D. Three times the price of a normal beer

49. Why does Ms. Williams say she opposes the drink?
 A. Because it seems crazy
 B. Because it is banned in public bars.
 C. Because it has very negative results on one's health
 D. Because we don't know the results on our health

Part IV

Directions

In Part IV you will read a letter from a faithful True News listener, Mr. Wrong. Due to his imperfect English and his enthusiasm, Mr. Wrong made a mistake in each sentence of his letter. These sentences containing an error are numbered with four parts underlined. It is your job to find which part of the sentence is responsible for creating an incorrect sentence. You will have 10 minutes to complete Part IV, and the time remaining will be given after 5 and 9 minutes. You may now begin.

Dear True News,

50. Before <u>going any</u> further, <u>I would like to say</u> that <u>I'm</u> a faithful listener of your
A B C
show <u>for over</u> five years now.
D

51. For <u>much of</u> this time I <u>was holding</u> the opinion <u>that</u> your show was superior in
A B C
<u>every</u> way.
D

52. Now, <u>although</u>, I'm afraid I have <u>to say</u> that I'm <u>much</u> more <u>than</u> just disappointed.
A B C D

53. You promised <u>you would</u> always report <u>the funniest</u> news <u>finding</u> in newspapers
A B C
from <u>around</u> the world.
D

54. I almost <u>fell asleep</u> while <u>listening</u> your last show <u>on the radio</u> because it was not
A B C
as interesting <u>as before</u>.
D

55. Anyway, <u>here are</u> some examples <u>of news</u> from this week that <u>remember</u> me of the
A B C
True News we all <u>used to love</u>:
D

56. Tourism authorities in Switzerland decided <u>to wrap</u> an entire glacier in PVC foam
A
<u>for to</u> try and <u>stop it melting</u> <u>during</u> the summer months.
B C D

57. A South Carolina sheriff's deputy <u>was suspended</u> by his boss after the officer's pistol
A
went off <u>during</u> a gun safety class at a school when a student pulled the trigger as the
B
deputy <u>was showing</u> the kids how hard it <u>was taking</u> a gun from an officer's holster.
C D

58. Police in Newcastle, Australia, <u>reported</u> a series of frozen chickens <u>smashing</u> into
A B <u>houses roofs</u>
with great force <u>launched by</u> a powerful catapult.
C D

59. <u>I'm sincerely hoping</u> that the entire team at True News <u>starts working</u> a bit harder
A B
to uncover the news <u>that is</u> worth <u>talking about</u>.
C D

Sincerely,
Mr. Wrong

PART V

Directions

In Part V you will hear conversations between two people. Each conversation will be heard only once and will be followed by three questions. In your test book you will read the questions and the four proposed answers to each question. The question numbers will be said by the narrator in order to indicate how much time you have.

Questions 60 through 62 refer to the following conversation.

Woman. – Good morning, what can I do for you today?
Man. – I'd like to organize a little trip for the end of February.
Woman. – Well, you've come to the perfect place. What are you looking for – possibly a couple weeks in a seaside resort?
Man. – Thanks but no thanks! The last time I did that I came home with a terrible sunburn.
Woman. – I understand, maybe a trip to New York then? A little culture and shopping makes for a good break
Man. – Not on your life! My wife is terrified of flying and neither of us can stand the food over there.
Woman. – Ok, Mister, uh ....
Man. – McGill .... Harvey McGill.
Woman. – So, Mr. McGill, what exactly are you looking for?
Man. – It's quite simple really. I need some rest and relaxation, but I only have one week of vacation, so I don't want to spend too much time traveling. I want the best accommodation possible and, to be quite frank, I don't want the bill to be too heavy, you see I have a relatively tight budget at the moment.
Woman. – Well, Mr. McGill, you've come to the right place. We here at World Travellers are specialized in organizing travel arrangements for the most demanding

customers. Unfortunately I was attending another client when you came in, so why don't you just sit down and make yourself comfortable and I'll be back to serve you in just a few minutes.

60. Where does this conversation probably take place?
A. Bus stop B. Airport C. Restaurant D. Travel agency

61. What kind of travel arrangement is the man NOT looking for?
A. Inexpensive
B. Relatively near
C. A seaside resort
D. Relaxing

62. Why does the woman not help the man immediately?
A. She is busy with another customer
B. She is waiting for another customer
C. He seems uncomfortable
D. He is too demanding

Questions 63 through 65 refer to the following conversation.

Woman. – Sorry for the delay Mr. McGill, now let's see what we can find.
Man. – None too soon, I've been waiting for half an hour.
Woman. – I'm sorry – now let's look at this month's special promotions. Look, here's a special offer for one week in a small village on Crete. That should be very relaxing.
Man. – I've been there, and I can tell you that I'll never set foot on the place again!
Woman. – Really? That's surprising.
Man. – Listen, it's a long story. What else have you got?
Woman. – A week in a castle in Scotland?
Man. – Now that sounds interesting… how much would that come to?
Woman. – Well, if you opt for the six day stay, excluding Saturday, you would pay just over half price of the 1000 euro rate… and it's a four-star hotel.
Man. – Listen, could I reserve that? That ought to work out just fine.
Woman. – Ok, you'll be leaving on the 19th and returning on the 25th of February.

63. How can we best describe Mr. McGill?
A. Relaxed B. Impatient
C. Talkative D. Enthusiastic

64. Why does the man refuse the trip to Crete?
A. It is too far B. He does not like walking
C. It is too small D. He does not say

65. How much will the stay in Scotland cost?
A. Between 0 and 500 Euros
B. Between 500 and 1000 Euros
C. Between 1000 and 2000 Euros
D. Just over 2000 Euros

Questions 66 through 68 refer to the following conversation.

Woman. – Good morning, World Travellers. How may I help you?

Man. – Good morning, may I speak to Mrs. Johnson, please?

Woman. – Speaking.

Man. – Young lady, this is Mr. McGill. May I have a word with you?

Woman. – Oh, Mr. McGill, how is your vacation going?

Man. – That is precisely what I wanted to speak about. If I remember correctly, you promised top quality food, service, accommodations, and activities.

Woman. – Well, yes… it isn't what you expected?

Man. – No, it's much, it's… it's much more than what I had expected. I've never had such a wonderful vacation in my life!

Woman. – Well, I'm very glad to hear it.

Man. – Listen, there are a million things you didn't tell me about. There's a wonderful TV lounge where several of us meet up to watch our favorite game shows. The food is excellent – especially their English breakfast with tomatoes and beans. And best of all, every evening there's a scrabble tournament… I've won twice already!

Woman. – Well, I'm certainly happy to hear all is going well.

Man. – So, before I forget, could you check on availability here for a week in July, I might just come for my summer vacation too!

Woman. – Ok, I'll see what I can do.

66. When does this call take place?
A. Before the start of his vacation
B. During his vacation
C. During his trip back from vacation
D. After his vacation

67. How does Mr. McGill describe his vacation?
A. It is not as good as he had hoped
B. It is as good as he had hoped
C. It is better than he had hoped
D. It is the worst vacation of his life

68. What does Mr. McGill tell the woman?
A. He will never go there again
B. He will possibly go there again
C. He will definitely go there again
D. He will never forget his vacation

PART VI

Directions

In Part VI you will read four short texts to help prepare for another trip, this time to Russia. Read each text and answer the corresponding questions on the basis of what you have read. You will have 20 minutes to complete Part VI, and the time remaining will be given after 10, 15 and 19 minutes. You may now begin.

Questions 69 through 73 refer to the following information. (181)

Russian is a Slavic language in the Indo-European family. From the point of view of the spoken language, its closest relatives are Belarusian and Ukrainian. In fact, in many places in Ukraine and Belarus these languages are spoken interchangeably.

During the Soviet period, the unifying role and superior status was reserved for Russian. Following the break-up of 1991, several of the newly independent states have encouraged their native languages, which has partly reversed the privileged status of Russian.

In the United States, Russian is spoken at home by about 4.2 million people, giving it the ranking of tenth most spoken language. Significant Russian-speaking groups also exist in Western Europe. These have been fed by several waves of immigrants since the beginning of the twentieth century. Formerly, the descendants of the Russian émigrés tended to lose the tongue of their ancestors by the third generation. Now, when the border is more open, Russian is likely to survive longer, especially when many of the emigrants visit their homelands at least once a year and also have access to Russian websites and TV channels.

69. What is the main subject of this article?
    A. The history of Slavic languages
    B. How to speak Russian
    C. General information about the Russian language
    D. Russia's linguistic policies

70. What is the status of Russian today in Ukraine and Belarus?
    A. Never spoken
    B. Sometimes spoken
    C. Often spoken
    D. Has been significantly modified

71. What can be said about Russian's status in the newly independent states today?
    A. It has no more privileges in any of them
    B. It has fewer privileges in all of them
    C. It has fewer privileges in some of them
    D. It has increased privileges in some of them

72. What is meant by “fed” (last paragraph)?
A. Augmented
B. Eaten
C. Have been followed
D. Preceded

73. Which of the following conclusions is true?
A. In the future émigrés won’t speak Russian
B. Russian will probably continue to be spoken abroad
C. Russian will probably become the most widely spoken foreign language in the U.S.
D. Television reduces the level of Russian spoken abroad

Questions 74 through 78 refer to the following information. (208)

People visiting Russia should try to speak in a calm, moderate, tone of voice at all times. Usually, your Russian colleagues will be delighted if you make the effort to speak even a few sentences of their language. Nevertheless, if your Russian party speaks your language, your decision to speak Russian may cause confusion (e.g. they might think that their English is not good enough).

Russians are sometimes very careful about what they say, and may revert to speaking metaphorically, symbolically, and perhaps even cryptically. Consequently, there is a great deal of reliance on nonverbal communication. At other times, however, they can be extremely frank; it all depends on the situation.

You will sometimes find the Russians to be enthusiastic about discussing politics and the challenges of living in Russia. Participating in this kind of discussion and expressing your views (even if they are opposite) is more welcome than just being an active listener. Personal questions are best avoided, although you may be subject to these inquiries.

And to conclude, if the conversation becomes Greek to you - you can save yourself by asking your Russian friend to fill any gaps in your knowledge on various topics. He or she will be more than willing to do so.

74. Choose the best title for this article
A. Etiquette in Russia
B. Conversing with Russians
C. Russian Culture and History
D. Complexities of the Russian Language

75. Which of the following is the best advice for a visitor to Russia?
A. Speak Russian if you have a very good level
B. Never speak Russian
C. Speak Russian if possible, but recognize their ability to speak English
D. Speak English very loudly to be understood

76. What should one be prepared for in Russia?
A. Indirect communication
B. Direct communication
C. Nonverbal communication
D. All of the above

77. What is meant by “gaps” (last paragraph)?
A. Blanks B. Games C. Difficulties D. Perfection

78. Which of the following is most important when speaking with Russians?
A. Showing interest and participating B. Knowing what you are talking about
C. Listening well D. Being frank

Questions 79 through 83 refer to the following information. (206)

As to greetings in Russia, the handshake is common. The Russian version is a firm grip with several quick shakes between two men. This is a daily procedure and saying “hello” isn't enough, even if you know somebody really well. Between men and women or two women, however, the handshake is much softer. Men should wait until a woman extends her hand before reaching for it. Eye contact during the introduction is very important, and must be maintained as long as the individual is addressing you.

Speaking or laughing loudly in public is discouraged and whistling in a home or other indoor spaces is considered impolite, and there is even a superstition that it will cause a grave financial loss.

Dinners begin relatively early-around 6:00 p.m. If your Russian companions decide to invite you out, expect to be treated to lavish entertaining in a restaurant, as they are proud of their sense of hospitality.

Toasting is a very important part of dining. Furthermore, Russia is a drinking culture. Refusing to drink is unacceptable unless you give a plausible excuse. Finally, the person who extended the invitation pays the bill, although the guest, in a gesture of politeness, is expected to make an offer to pay.

79. What is the main purpose of this article?
A. To inform about proper public behavior in Russia
B. To discuss differences between men and women in Russia
C. To encourage people to go to Russia
D. To warn people about going to Russia

80. Which of the following is the best advice for a male visitor to Russia?
A. Don’t shake a woman’s hand
B. Give women an extra firm handshake
C. Give women a normal handshake and a whistle
D. Give women a less firm handshake with eye contact

81. Which of the following would be considered impolite in Russia?
A. Offering to pay for dinner B. Whistling after a concert
C. Being a little late to dinner D. Finding an excuse not to drink

82. What is meant by "lavish" (paragraph 3)?
A. Quick B. Long C. Copious D. Informal

83. What will happen after a dinner?
A. Drinks will be served B. The host will pay
C. The guest will pay D. No one will pay

Questions 84 through 88 refer to the following information. (210)

The foundations of Russian cuisine were laid by a mainly peasant population in an often harsh climate with a combination of plentiful fish, poultry, game, mushrooms, berries, and honey. Breads, soups and other dishes centered on seasonal or storable ingredients. These wholly native foods then evolved with the spices and techniques brought by the Mongol-Tartar invaders of the thirteenth century.

There is no other nation or region in the world that makes so much of soup. Russian regional cuisine features at least seven broad categories of soups, based on ingredients and regions. From thin vegetable broths flavored with herbs, to thick, hearty stews rich with meat and vegetables, soup is a mainstay of Russian cuisine.

Russia's great expansions of territory, influence, and interest during the eighteenth century brought more refined foods and culinary techniques. From the time of Catherine the Great, every family of influence imported both the products and personnel – mainly German, Austrian, and French – to bring the finest, rarest, and most creative foods to their table.

In the end, Russian cuisine is in reality a cornucopia of styles and recipes, with a dish in Siberia bearing little resemblance to the same dish in Leningrad. It is wonderful fare, as varied as its vast and multicultural expanse.

84. Choose the best title for this article.
A. How to Cook Russian Food
B. A Brief Overview of Russian Cuisine
C. Nutritional Information for Russian Cuisine
D. The Role of Class in Russian Cuisine

85. What can be said of soup in Russia?
A. It is becoming more and more popular
B. It is at the heart of Russian cuisine
C. It has little flavor
D. It lacks diversity

86. What influenced the base of Russian cuisine?
A. Russia's great territory expansions B. Climate and available ingredients
C. Mongol-Tartar invaders D. Western European chefs

87. What is meant by “cornucopia” (last paragraph)?
A. Lack
B. Confusion
C. Abundance
D. Internationalization

88. What is the best description of Russian food?
A. Filling
B. Cheap
C. Diverse
D. Elegant

PART VII

Directions

In Part VII you will listen to three shows on a popular radio station, CPR, otherwise known as Concours Pass Radio. Each show will be heard once only and will be followed by four questions. In your test book you will read the questions and four proposed answers to each question. The question numbers will be said by the narrator in order to indicate how much time you have.

Questions 89 through 92 refer to the following show.

Good morning, and welcome to World Views on CPR. Today we’ll be discussing how the British view their French neighbors to the south, and, of course, the other way around.

France is the UK's top tourist destination, with 12 million British visitors each year, while the UK is the second most popular spot for French tourists with over three million visits a year. The air route from Paris to London is the busiest in the world, carrying some 3.3 million passengers a year.

Such statistics could almost fool a person into thinking the British and the French actually like each other. Even though it is over 100 years since the Entente Cordiale was signed, relations on many fronts are decidedly frosty.

But the main problem seems to lie here. Stereotyped by the Brits as garlic-loving, snail-eating, skirt-chasing, shoulder-shrugging “Frogs”, the French don't really care what the British think. Not without their own stereotypes and prejudices, most of the French feel neither burning animosity nor deep affection towards the British, according to Christian Roudaut, expert on Anglo-French relations. But for the British this represents precisely the sort of arrogance for which the French are notorious.

And the age-old French stereotypes appear to show no signs of disappearing in the UK. Seventy-two percent of Britons questioned in a recent survey believed the French warranted their negative stereotype, while only 19% of French believe the Brits deserved their negative image.

And if that isn't enough to worry us about Anglo-French relations, don't forget that 2006 is a World Cup year and Thierry Henry won't be playing for England. Let's hope the two teams don't have to face each other. Otherwise, we'll just have to wait another year for warmer relations.

That's all for World Views and stay tuned for Culture Vulture.

89. What is the main subject of this show?
 A. Franco-British tourist information
 B. How the British see the French
 C. How the French see the British
 D. How the British and French see each other

90. Which of the following statements is false?
 A. Both France and the UK are popular tourist destinations for each other
 B. The French are quite indifferent to the British
 C. The British and the French actually like each other
 D. The British believe the French deserve their negative stereotypes

91. Which of the following statements is true?
 A. The French do not really have prejudices about the British
 B. The French have a stronger conviction of their anti-British sentiment
 C. The British have a stronger conviction of their anti-French sentiment
 D. French stereotypes are disappearing in the UK

92. What is predicted?
 A. A France-England World Cup match could damage relations
 B. A France-England World Cup match could improve relations
 C. It would be wise for Thierry Henry not to play in the World Cup this year
 D. France will not win the World Cup this year

Questions 93 through 96 refer to the following show.

Good morning, and welcome to Culture Vulture on CPR. Today we'll be speaking about *Erasure*, the latest book by Percival Everett. In a word, this is an anything but subtle masterpiece about an African-American writer named Thelonius Ellison. Ellison is a very well-educated and talented writer but is not successful because he insists on writing obscure literary papers. For this black man, his greatest obstacle to success is his white, intellectual style and his refusal to adopt a so-called "ghetto prose" that would make him a commercial success. He finally succumbs to temptation after seeing another highly-educated black author in her appearance on a talk show about her new book We's Lives in da Ghetto. His response is a parody called *My Pafology*, spelled with an "f", which he submits to his startled agent under a gangsta pseudonym. Ellison quickly finds himself with a huge check from a major house, a multimillion-dollar offer for the movie rights and a monster bestseller on his hands. The money helps with a family crisis, but the dark side of wealth surfaces when both the movie producer and talk-show host demand to meet the nonexistent author, forcing Ellison to put on a disguise and invent a dark, mysterious character to satisfy the public.

In conclusion, Erasure benefits from a rare satiric brilliance that guarantees it lasting literary recognition. My own prediction is that positive reviews, like this one here, may help this book be a success, but it's passionate word of mouth that will help turn this book into a best-seller.

That's all today for Culture Vulture. Stay tuned for Business Personalities.

93. The book Erasure is Everett's:
A. First book
B. Most recent book
C. Best book
D. Most obscure book

94. How does Ellison, the book's main character, begin the story?
A. A successful writer
B. An intellectual, black writer
C. A ghetto prose writer
D. A "gansta"

95. What is one thing the main character does NOT do?
A. Become rich and famous
B. Compromise his artistic integrity
C. Pretend to be someone else
D. Act in a movie

96. What does the reviewer predict?
A. The book will have a short-lived success
B. The book will have success thanks to public opinion
C. The book will have success despite negative reviews
D. The book will be made into a movie

Questions 97 through 100 refer to the following show.

Hello, and welcome to Business Personalities, the show that tells you about the men and women behind famous companies. Today we'll be speaking about Jake Burton Carpenter, of Burton Snowboards.

Born on April 29th, 1954 in New York City, and then moving to Cedarhurst, New York shortly after, Jake Burton grew up skiing. When he went to college at the University of Colorado in Boulder, he had aspirations to join the National Ski Team. But, perhaps by fate, Jake got in a car accident and broke his collarbone. After the accident, Jake moved to Virginia, worked on a horse farm for a few years, then enrolled at NYU. Graduating with a degree in economics, Jake moved to Vermont to pursue a childhood dream of creating his snowboard. His base of operations was his home and barn, where he did all of his work and manufacturing. Though he struggled for over 2 years, Jake managed to get snowboarders into ski resorts, and the sport exploded overnight.

Burton Snowboards has become the best selling snowboard company in the world to date, dominating over 38% of the market, and with annual sales of over $30 million.

Jake Burton's dream of making snowboarding a phenomenon probably would not have happened without his family; not for their support, but because they thought that it was folly to play with snowboards and not get a real job. This motivated Jake to succeed in his dream and basically rub it in their faces when he became a millionaire.

Every day, Burton comes to the international Burton headquarters and speaks with his employees. He gives his employees the day off when it snows more than 60 centimeters and regularly rides at least 100 days per season. To Jake Burton, snowboarding is not just a business, it's a way of life.

97. Which of the following is NOT true about Burton?
    A. He learned to ski young
    B. He was a member of the national ski team
    C. He worked on a horse farm
    D. He went to university

98. How did Burton Snowboards begin?
    A. Very difficult start, then rapid success
    B. Overnight success
    C. Rapidly after he opened his factory
    D. After more than 20 years of difficulty

99. What was the role of his family in Burton's success?
    A. They gave him his initial capital
    B. They gave him moral support
    C. They gave him essential advice
    D. They were skeptical, which motivated him

100. How can we best describe Burton's management style?
    A. Leading by personal example
    B. Informal and personal
    C. Authoritarian
    D. Laisser-faire

CORRIGÉ

1	2	3	4	5	6	7	8	9	10
A	B	C	B	C	D	D	A	B	C
11	**12**	**13**	**14**	**15**	**16**	**17**	**18**	**19**	**20**
C	C	B	A	D	A	D	D	B	B
21	**22**	**23**	**24**	**25**	**26**	**27**	**28**	**29**	**30**
B	A	C	C	C	A	B	D	D	C
31	**32**	**33**	**34**	**35**	**36**	**37**	**38**	**39**	**40**
B	A	A	B	D	C	A	D	B	B
41	**42**	**43**	**44**	**45**	**46**	**47**	**48**	**49**	**50**
D	C	C	B	B	D	A	B	D	C
51	**52**	**53**	**54**	**55**	**56**	**57**	**58**	**59**	**60**
B	A	C	B	C	B	D	C	A	D
61	**62**	**63**	**64**	**65**	**66**	**67**	**68**	**69**	**70**
C	A	B	D	B	B	D	B	C	C
71	**72**	**73**	**74**	**75**	**76**	**77**	**78**	**79**	**80**
C	A	B	B	C	D	A	A	A	D
81	**82**	**83**	**84**	**85**	**86**	**87**	**88**	**89**	**90**
B	C	B	B	B	B	C	C	D	C
91	**92**	**93**	**94**	**95**	**96**	**97**	**98**	**99**	**100**
C	A	B	B	D	B	B	A	D	B

3e PARTIE

L'ÉPREUVE ORALE

UNE OU DES ÉPREUVES ORALES ?

Les oraux de langues sont propres à chaque École qui en définit seule les modalités, les principes ainsi que les critères de notation.

L'épreuve orale dure le plus souvent une vingtaine de minutes (avec ou sans préparation) et peut consister en :

- Un résumé et commentaire de texte (souvent un texte d'actualité assez court) ;
- Des questions générales ;
- Un document audio ou iconographique (« cartoon ») qui sert de base à commentaire et discussion.

Dans la majorité des cas, le candidat bénéficie donc d'un document support qui sert à engager la discussion. Au début de l'épreuve, le jury attend de lui qu'il prenne la parole et synthétise le document qui lui est proposé ; il peut s'agir au choix du candidat d'une synthèse linéaire ou thématique. Pendant cette première phase, il est fréquent que les correcteurs restent silencieux et laissent au candidat la liberté de s'exprimer sans l'interrompre. Puis progressivement, une discussion peu être amenée à s'engager : le jury pose des questions au candidat soit pour lui demander de préciser certains aspects de son exposé, soit pour simplement lui demander son avis sur tel ou tel point qui lui parait intéressant.

Dans la phase de « discussion », le jury va chercher à tester la compréhension du candidat et sa capacité à s'exprimer avec aisance dans le cadre d'un échange non préparé. C'est pourquoi il arrive fréquemment que l'échange déborde sur des sujets n'ayant plus rien à voir avec le document qui a servi en début d'entretien : questions sur les centres d'intérêts du candidat, les loisirs, le sport, ses objectifs de carrière.

Pour ce type de questions, il n'y a ni bonne ni mauvaise réponse car ce qui est testé est d'abord et avant tout la faculté du candidat à s'exprimer de façon fluide en anglais, tout en veillant à éviter les fautes de grammaire et de syntaxe.

Si par nature l'épreuve orale se prête mal à une préparation approfondie, vous gagnerez toutefois à assimiler les mots et expressions qui permettent de structurer votre discours. Cet apprentissage vous évitera de chercher vos mots et de vous sentir par conséquent déstabilisé le jour de l'examen.

Vous touverez dans les pages qui suivent le vocabulaire indispensable pour vous sentir à l'aise.

1. PRÉSENTATION DE VOTRE ARTICLE

1. Commencez par **une phrase d'introduction d'ordre général**, qui présente **la problématique d'ensemble** dans laquelle s'inscrit votre article.

• Expressions utiles pour formuler une introduction :

at the turn of the 21st century/at the turn of the third millenium...

with the advent of globalisation.../with the advent of the net-economy...

with the growing gap between rich and poor countries...

with the tremendous progress of science/of information technology/of genetic engineering (*manipulations génétiques*) etc.

conventional wisdom has it that... (*on dit communément que*) street violence/GMOs/genetically modified organisms/juvenile delinquency/etc. **is/are/an issue/a matter/of common concern** (*est un problème qui inquiète tout le monde*)

• Vous pouvez aussi commencer par évoquer **un événement de l'actualité récente** qui va dans le sens de la problématique soulevée par votre article.

2. **La deuxième phrase situera l'article** qui vous est soumis.

The article was published/released in... (Ex. : Time Magazine) **last month**, OU la date exacte (si vous êtes sûrs de savoir dire correctement une date...).

Attention à **la dénomination du genre de texte qui vous est soumis**.

Votre texte peut être :

a news report/a news article (*article de presse neutre et objectif*), written by **a reporter** or **a journalist** : general word for anybody who writes newspaper articles

a coverage, a report (*un reportage*). **The coverage of an event** (*le compte-rendu d'un événement*)

an editorial : *un éditorial* (written by **a columnist** (*un chroniqueur*), who expresses a personal opinion))

a columnist analyses and comments on the news (*les nouvelles*), on a piece of news or on a news item (*une nouvelle*)

3. **Dans une troisième phrase**, vous annoncerez le contenu essentiel de l'article.

Ex. : the article I have read (heard) deals with the pros and cons of the new economy.

Ex. : the article can be summed up as a criticism of GM crops... N'oubliez pas, pour vous aider à saisir le contenu de l'article, d'étudier le titre et le sous-titre, qui sont souvent révélateurs.

- **Autres mots et expressions utiles pour la présentation :**

the title of the article : *le titre* ; **the subtitle** : *le sous-titre*

a heading : *un titre*

a headline : *un grand titre*

this article has a challenging title : *un titre provocateur*

a pun, a play on words : *un jeu de mots* (on en trouve souvent dans les titres...)

the article deals with/focuses on : *parle de* (**N.B.** : évitez de dire « speaks about » !)

a survey : *une étude*

the journalist's account : *le compte-rendu du journaliste*

the main/central theme (subject) of the article is... : *le thème principal...*

it all hinges on the question whether... : *tout repose sur la question de savoir si...*

the gist of the text : *l'essentiel, le point principal du texte.*

Quelques conseils pour résumer l'article :

- Restez rigoureusement fidèles à ce que dit le texte, **sans jamais vous impliquer. Le résumé doit être neutre et objectif** : ne vous exprimez donc en aucun cas à la première personne du singulier.
- Il faut **reformuler le texte et non le répéter** (il faut donc maîtriser parfaitement le vocabulaire de la reformulation)
- Veillez à **l'articulation** de votre discours. (apprenez et utilisez **les mots de liaison**).
- Évitez de parler de l'auteur de l'article, tenez-vous en au **contenu**. Mais si vous devez parler du journaliste, ne dites pas « the author » (il s'agit rarement **d'auteurs**) ; dites : **the author of the article/the journalist**.
- Si vous voulez citer une phrase du texte : **as the journalist puts it : quote** « (phrase citée) » **unquote** : comme le dit le journaliste : je cite... fin de citation.

2. TRANSITION ENTRE RÉSUMÉ ET COMMENTAIRE

Now, I would like to make a personal point, if I may : *j'aurais une remarque à faire, si vous le permettez*

Now, if I may express my own opinion, I would like to argue that...

I have a feeling that... this article is very controversial...

My personal point of view on the topic is that...

For my part/as for me/, I think that the problem can be seen from another angle :

My own opinion on this topic is that...

My commentary will be based on two points : *mon commentaire va reposer sur deux points...*

I would like to dwell on a particular aspect of the article... *j'aimerais m'arrêter sur...*

For my part, I would like to raise another question : *j'aimerais soulever une autre question...*

- **Si vous voulez prendre position par rapport au texte :**

I stongly disagree with this argument.

I am afraid I don't agree with the idea that : *je crains de ne pas être d'accord...*

I would like to raise an objection : *j'aimerais soulever une objection*

I have a few reservations about this article : *j'ai quelques réserves à faire sur cet article*

This argument may seem somewhat far-fetched : *un peu tiré par les cheveux...*

3. CONCLURE

Now, what conclusion can we draw from all that?

By way of conclusion (in conclusion), we can say that...

From all this follows that...

Finally/lastly/all in all/...

It all comes down to... : *tout cela revient à dire que...*

> **Remarque :**
> Évitez d'utiliser l'expression trop rebattue : « to put it in a nutshell »/« in a nutshell ».

4. AUTRES MOTS ET EXPRESSIONS UTILES DANS UNE ÉPREUVE ORALE

Rappel : sachez dire les dates et les nombres !

Ex. : this article was published **on** October **the** second, **two thousand/in** October 2008.

2008 : **two thousand and eight**. 1999 : **nineteen ninety-nine**

N'oubliez pas le « and » dans la lecture des nombres (pour les dizaines et les unites) :

257 people : two hundred (sans S) and fifty seven people

Les pourcentages se lisent de la façon suivante :

22.5% : twenty two point five percent

1. Substantifs

a conundrum : *un problème inextricable, un casse-tête*

a moot point : *un point discutable*

a warning : *une mise en garde*

a matter of prime importance : *un sujet d'importance capitale*

a matter of common concern : *un sujet qui inquiète tout le monde*

a fact of life : *une réalité qui est entrée dans les mœurs*

Ex. : nowadays, doping has seemingly become a fact of life for many athletes : *de nos jours le dopage semble être entré dans les mœurs...*

print journalism : *la presse écrite*

a chart : *un tableau, un graphique* (**N.B.** : n'oubliez jamais d'en parler, s'il en figure dans votre article !)

a rate: un taux

Ex. : *the crime-rate, the death-rate* (taux de mortalité), *the birth-rate* (taux de natalité)

a catchword/a catchphrase : *un slogan accrocheur*

an understatement : *une affirmation qui est en-dessous de la vérité* (une litote) : Très fréquent en anglais !

a cliché, a stereotype : *un cliché*

to give an insight into... : *donner un aperçu de...*

2. Verbes

to highlight/to spotlight : *mettre en lumière*

to focus on : *se concentrer sur*

to point out that : *faire remarquer que*

to dwell on : *insister sur*

to shed light on : *éclairer* (*un problème*)

to stress/underline/to emphasize/to lay emphasis on/to underscore : *souligner*

to suggest/to imply that : *impliquer*

to infer : *déduire*

Ex. : we can infer from this statement that…

to reckon/deem/consider/suppose/believe : *estimer, penser, croire...*

to surmiseassume : *supposer* (Tous ces verbes peuvent être utilisés plutôt que le verbe « **to think** », qui est plat).

to criticize : *critiquer* : **or castigate or chastise**: *fustiger*

to contend that : *prétendre que*

to endorse a common opinion : *adhérer à une opinion générale*

to emphasize/to lay emphasis on : *souligner*

to ignore to disregard : *ne pas tenir compte*

to stick to the facts : *rester sur le terrain des faits*

to take something at face value : *prendre au pied de la lettre*

to speak for/to defend/to take a stand on behalf of to be committed to : *prendre le parti de...*

to make a plea for/to pleadfor/against : *plaider en faveur de.../contre...*

to make a compelling case for/against : *avancer des arguments irréfutables en faveur/contre*

to support a lost cause/an opinion : *défendre une cause perdue, une opinion...*

to level an accusation against : *porter une accusation contre...*

to be beside the point : *être à côté de la question*

to be to the point : *être pertinent*

Ex. : this remark is to the point.

to be taken for granted : *être considéré comme acquis, comme allant de soi...*

to be in sharp contrast with... : *être en opposition flagrante avec...*

to set up a connection between... : *établir un lien entre...*

to cite or **to quote a case of/an example of...** : *citer un exemple*

to bring to the fore : *mettre en évidence*

to boil down to... : *se résumer à, se réduire à...*

Ex. : this article boils down to a list of the main drawbacks of G.M.O.s : *cet article se résume à une liste des principaux inconvénients des OGM.*

to take a critical stand on : *avoir une approche critique*

to advocate a different approach : *défendre un autre point de vue*

to evade a question : *esquiver*

to have an optimistic outlook on : *un point de vue*

to hint at an issue : *faire allusion à*

to stand one's ground: *adopter une position ferme*

to take a firm stand for/against : *prendre fortement position pour/contre*

to give someone an insight into : *donner un aperçu/une idée de...*

to foresee : *prévoir*

to bear evidence that *: attester que...*

to bear in mind that : *garder à l'esprit*

to give evidence for/against : *témoigner en faveur/contre...*

to play down/to minimise : *minimiser l'importance de...*

to exaggerate, distort : *déformer*, **to play up, to maximise** : *exagérer*

to stick to the facts : *s'en tenir aux faits*

3. Adjectifs

a cogent/ a convincing argument : *un argument convaincant*

a compelling argument : *un argument incontestable*

ambiguous : *ambigu*

a (highly) **debatable, controversial, questionable, arguable** argument

optimistic, pessimistic, confident (*confiant*)

ironic, humorous, sarcasticwitty (*plein d'esprit*)

serious critical derogatory (*péjoratif*), **laudatory** (*élogieux*)

a minute description : *une description détaillée*

the article is **biassed, one-sided, partial, prejudiced** : *partial, tendancieux*

unbiassed : *objectif*

the article is **partial to/towards/**immigrants : *a un parti-pris en faveur des immigrés*

a blunt statement : *une affirmation brutale*

a sweeping statement : *une généralisation excessive*

a consistent argument : *logique, solide, rationnel*/**inconsistent** : *incohérent*

4. Expressions

at will : *à volonté*

by mistake : *par erreur*

on average : *en moyenne*

on account of : *à cause de*

on no account : *sous aucun prétexte*

in the wake of : *à la suite de...*

Ex. : there was a famine in the wake of the drought : *il y eut une famine à la suite de la sécheresse.*

from scratch : *à partir de zéro*

for argument's sake/for the sake of argument : *à titre d'exemple...*

in many respects/in every respect : *à tout point de vue...*

it is noticeable that : *il est à remarquer que...*

seen from that angle... : *vu sous cet angle...*

to set up/to establish a connection between... : *établir un lien entre...*

on closer consideration: *si l'on y regarde de plus près/à y regarder de plus près...*

it all depends on whether... : *toute la question est de savoir si...*

one should be aware of... : *être conscient de*/**one should take into account** : *prendre en considération.*

other considerations come into play : *entrent en jeu...*

it comes down to the same thing : *cela revient au même*

to be tantamount to... : *être synonyme de...*

Ex. : his attitude is tantamount to cynicism : *équivaut à...*

beyond the topical facts, we can notice that... : *au-delà des faits...*

to get to the heart of the matter : *entrer dans le vif du sujet/en venir au cœur du problème.*

to make it plain that... : *bien faire comprendre que...*

STRUCTURER VOTRE DISCOURS : LE VOCABULAIRE DE L'ESSAI ET DE L'EXPOSÉ ORAL

Pour construire un discours percutant, il est **indispensable** de recourir à **des liens logiques variés et nuancés** qui, non seulement apporteront une véritable **structure** à votre pensée, mais qui, en plus, donneront du poids et de la force à votre argumentation.

Voici, un choix de liens et d'expressions, dans lequel vous pourrez puiser.

Pour introduire un argument

first, first of all, to begin with, in the first place, for a start : *en premier lieu*

first and foremost... : *d'abord et avant tout*

for one thing : *tout d'abord*

in the first instance : *en premier lieu*

at first glance, on the face of it...

arguably (en début de phrase) : *on peut avancer que…*

Ex. : Arguably the single currency still raises quite a few questions in the European Union : *on peut dire que la monnaie unique...*

an argument in support of this approach is that...

the fundamental reason for believing this assumption to be true is that...

Pour introduire un argument similaire

second, in the second place, next...

for another thing (après **for one thing**) : *d'autre part*

similarly, in the same way : *de même...*

likewise : *de même*

as for, as regards : *quant à...*

Pour introduire un argument supplémentaire

Besides, moreover, furthermore, in addition/what's more : *de plus...*

in other respects : *d'autre part...*

incidentally by the way : *incidemment*

not to mention : *sans parler de...*

Ex. : Car fumes are dramatically noxious for children, not to mention people suffering from asthma : *les gaz d'échappement sont terriblement nocifs pour les enfants, sans parler des asthmatiques.*

let alone dans un contexte négatif : *sans parler de..., encore moins...*

Ex. : He can't speak English, let alone write it : *il ne sait pas parler anglais, encore moins l'écrire.*

Ex. : The government has not convinced the environmentalists, let alone the communists... : *le gouvernement n'a pas convaincu les écologistes, sans parler des communistes.*

as a matter of fact : *en fait...*

in addition to... : *en plus de...*

Ex. : in addition to giving a general description of the situation, the article also expresses an original standpoint.

Another (one of the most) stricking aspects (features) of this problem is...

Pour introduire un argument contraire

Conversely : *à l'inverse*, **however, nevertheless, and yet, still** : *cependant*

in return : *en revanche*

by contrast : *au contraire*

all the same : *quand même*

Ex. : she told him she was engaged, but he loved her all the same.

Notwithstanding : *en dépit de*. Adverbe : *néanmoins*

though (placé après le verbe) : *cependant*

Ex. : we must consider though that this argument is debatable.

Paradoxically oddly enough, surprisingly enough : en début de phrase...

on the other hand (après : on the one hand)

on the contrary,

even if, even though,

whereas, while : *alors que*

hackneyed arguments of this kind are scarcely convincing

the other side of the coin is, however, that (de préférence à l'oral)

the snag about this argument is that...

there is however another argument which cannot be ignored, namely, that...

Pour renforcer un argument

we know for a fact that... : *nous savons pertinemment que...*

indeed/actually/as a matter of fact : *en fait...*

there is no doubt that/it is clear that...

it is abundantly clear that : *il est évident que...*

it is a fact that...

there is no denying that... : *il est indéniable que...*

needless to say that.../it goes without saying that... : *il va sans dire que...*

Pour annoncer le plan

There are several aspects to the problem of...

A number of key issues arise from this statement

The concept of business ethics is not an easy one to grasp : on the one hand... on the other hand...

What this question boils down to is...

Pour nuancer votre discours

at any rate, anyway, in any case : *de toute manière*

so to speak so to say : *pour ainsi dire*

Ex. : This measure has been, so to speak (so to say), put on the back-burner : *cette mesure a été, pour ainsi dire, mise en veilleuse.*

in a way: *d'une certaine manière*

it is scarcely surprising that... : *il n'est guère surprenant que...*

to a certain extent/to some extent : *dans une certaine mesure*

to a large extent : *dans une grande mesure*

up to a point : *jusqu'à un certain point*

in actual fact it would be more accurate to say that... : *en fait il serait plus juste de dire...*

Pour comparer

in comparison with, compared with,

unlike + nom : *contrairement à*

Ex. : Unlike the French, the English drink a lot of tea.

contrary to + nom :

Ex. : Contrary to the Democrats, the Republicans are tough on immigration.

as, as much as, all the more... <u>as</u> : *d'autant plus que,* **all the less... <u>as</u>** : *d'autant moins que* :

Ex. : The new start-ups are all the more anxious to succeed as the competition is fierce : *les nouvelles start-up sont d'autant plus déterminées à réussir que la concurrence est féroce.*

Pour expliquer

in other words : *en d'autres termes*

namelythat is to say/that is : *c'est-à-dire*

in the case in point : *en l'occurence*

for example, for instance, in this regard (*à ce propos*)

à l'écrit : **i.e.** (id est) : *c'est-à-dire*/**e.g.** (exempli gratia) : *par exemple*

Pour exprimer une condition

provided that, providing that, so long as... : *pourvu que*

Ex. : You can easily emigrate to the US provided you are highly qualified.

depending on whether (or not) : *selon que... ou non*

for fear that + might/should : *de peur que*

Ex. : Investors are reluctant (*hésitent à*) to buy new economy shares (*actions*) for fear that the start-ups might go bankrupt.

on account of : *à cause de...*

Pour avancer une preuve

this is evidenced/proved/supported by the fact that : *ceci est prouvé par le fait que...*

admittedly (en début de phrase) : *il faut reconnaître que...*

Pour exprimer une restriction ou un doute

it is doubtful that... :

Ex. : It is doubtful that the bosses will accept this new measure.

... to some extent, to a certain extent, somehow : *en quelque sorte...*

Ex. : To some extent the bosses will be against this new measure.
Ex. : The bosses are somehow reluctant about the 35 hour working week.

presumably, supposedly: *vraisemblablement*

in a way: *d'une certaine manière*

somehow or other : *d'une manière ou d'une autre*

in the event of... : *au cas où*

Ex. : In the event of his winning the elections... : *au cas où il gagnerait les élections...*

in all likelihood : *selon toute vraisemblance*

Ex. : In all likelihood the growth of the world population is going to slow down.

it is questionable whether : il n'est pas certain que...

the government's present attitude raises the whole question of whether...

this line of reasoning sets a serious question mark against the future of education.

it may be conceded that : *on est obligé d'admettre que...*

Pour exprimer la cause ou l'effet

since : *puisque*

given that : *étant donné*

thanks to: *grâce à*

owing to due to, on account of, because of : *à cause de*

consequently as a result : *par conséquent*

in accordance with : *conformément à*

it follows from this that..., it is therefore hardly surprising that...

Pour exprimer le but

in order to, so as to : *afin de*

Ex. : During the eclipse you had to wear special glasses so as to protect your eyes.

so that, in order that : *afin que*

Pour exprimer une hypothèse

if + prétérit modal, if + should (*pour une hypothèse très peu probable*)

supposing that, assuming that, on condition that, so long as, provided that in case that, whether... or

Ex. : If the bomb attacks should go on, the peace process would be in jeopardy.

Ex. : Should the bomb attacks go on, the peace process would be in jeopardy.

on the premise that : *en partant du principe que…*

Ex. : French consumers are reluctant to buy British beef on the premise that mad cow disease has not yet been eradicated.

assuming that: *en supposant que…*

Pour exprimer le temps

so far, up to now : *jusqu'à présent*

all at once : *suddenly*

at present, at the present time, currently : *actuellement*

at the outset at the beginning : *au début*

from the outset, from the beginning : *dès le début*

at long last : *enfin* (*pour quelque chose qui s'est fait attendre*)

from now on (+ futur), in future : *désormais*

from then on (+ passé) : *dès lors*

sooner or later : *tôt ou tard*

fairly soon : *d'ici peu de temps*

lately, recently : *récemment*

with time/in the course of time : *avec le temps...*

every once in a while/from time to time : *de temps à autre*

most of the time/more often than not : *la plupart du temps*

eventually (faux-ami) : *en fin de compte*

in the past : *dans le passé*

formerly, previously : *jadis*

retrospectively, looking back, with hindsight : *rétrospectivement*

overnight : *du jour au lendemain*

at once straight away : *sur-le-champ*

in the short term in the short run : *à court terme*

in the long term, in the long run : *à long terme*

in (the) future, in the near future, in the foreseeable future : *dans un avenir proche/prévisible*

meanwhile in the meantime : *pendant ce temps, entre temps*

up to now, hitherto : *jusqu'à présent*

now and again, every now and then : *de temps en temps*

often : *souvent*

more often than not/all too often : *trop souvent*

every so often : *de temps à autre*

Pour généraliser

generally speaking, broadly speaking : *de manière générale*

by and large, globally, as a whole : *à globalement parler*

to a large extent : *dans une large mesure*

Pour résumer

all things considered : *tout compte fait*

on balance : *en fin de compte*

in a word, in short : *bref*

roughly speaking: *en gros, grosso modo*

to sum up : *en résumé*

to get down to the basics : *pour en venir à l'essentiel*

Pour conclure

ultimately : it can be argued that…

in conclusion/by way of conclusion/we might say that…

finally, lastly, all in all : *finalement*

surely the lesson to be learned from….

from all this it follows that...

the fact of the matter is that...

the truth of the matter is surely that...

there is much to be said on both sides of this question. On balance, however, ...

if one weighs the pros and cons... : *si l'on pèse le pour et le contre*

the key to this whole problem must surely be ...

the problem we have considered clearly does not admit <u>of</u> an easy solution, but...

Pour exprimer une comparaison

to be tantamount to:

Ex. : This situation is tantamount to an economic slump : *cette situation équivaut à...*

to be reminiscent of: *rappeler*

Ex. : The present racist movements in Germany are reminiscent of what happened in the thirties.

Pour marquer la certitude

obviously

undoubtedly

evidently

clearly

definitely

notably

conspicuously

Pour renforcer un dernier argument

to make matters worse... : *ce qui est pire...*

to top it all : *pour comble*

Pour marquer votre avis

there is no denying that... : *on ne peut nier que...*

obviously, undoubtedly, evidently, clearly, definitely, notably, conspicuously

undeniably, unquestionably, undebatably : *sans aucun doute, sans conteste*

fortunately enough : *heureusement*

unfortunately : *malheureusement*

frankly, honestly : *à vrai dire*

Pour renforcer un verbe ou adjectif : pensez toujours aux adverbes !

particularly

fairly

tremendously

vastly
amazingly
incredibly
hugely
profusely
immensely
outstandingly
remarkably
strikingly
uncommonly
overwhelmingly

Autres expressions utiles

thanks to : *grâce à*

Ex. : We won the market thanks to our competitiveness.

at the expense of : *au détriment de*

not least : *en particulier*

Ex. : Some European countries, not least Britain, refuse to join in the single currency.

no wonder they lost! *Ce n'est pas étonnant qu'ils aient perdu...*

by no means : *en aucun cas*

Ex. : By no means did he take drugs!

on behalf of : *au nom de*

Ex. : Many crimes have been committed on behalf of God.

on the basis of : *sur la base de, à partir de...*

at random : *au hasard*

Ex. : I'll quote an example at random : *je citerai un exemple au hasard.*

on average: *en moyenne*

bar/barring : **except** : *à l'exception de...* : All European countries–bar Britain–have signed the convention

Ex. : Barring an unexpected obstacle, we should get through in time. (*sauf imprévu...*)

in certain respects, in every respect...

with respect to : *en ce qui concerne*...

Ex. : With respect to the latest events in Afghanistan, we can surmise that...

on account of : *étant donné..., compte tenu de..., à cause de…*

Ex. : The tennis match will be canceled on account of the rain.

on no account : *à aucun prix*

on second thoughts : *à la réflexion...*

for want of : *par manque de*

Ex. : Many unemployed people cannot find a job for want of proper training.

in the wake of/in the aftermath of : *à la suite de*

Ex. : Many homeless people died in the wake of (in the aftermath of) last winter's cold wave.

it comes down to the same thing : *cela revient au même*

FICHES DE VOCABULAIRE

Enfin, pour vous aider à vous sentir à l'aise sur les principaux thèmes traités aux concours, voici 10 fiches de vocabulaire que vous gagnerez à apprendre dans leur contexte :

1. L'environnement
2. L'entreprise
3. Le monde du travail
4. Violence et criminalité
5. La drogue
6. Les problèmes sociaux
7. L'immigration
8. Les droits de l'Homme
9. Le Tiers Monde
10. La bioétique

FICHE N° 1 – L'ENVIRONNEMENT

nature : *la nature* (sans article)

the wilderness : *la nature sauvage*

natural resources : *les ressources naturelles*

the environment : *l'environnement*

environmental : *écologique*

the environmentalists/the conservationists/the greens : *les écologistes, les verts*

the ecologists : *les scientifiques spécilalistes de l'environnement ; les écologistes*

conservation/preservation : *la défense de l'environnement*

to conserve/to preserve : *préserver*

environment-friendly : *respectueux de l'environnement*

the natural balance : *l'équilibre naturel*

an ecosystem : *un écosystème*

to upset the natural balance : *rompre l'équilibre naturel*

the fauna and the flora : *la faune et la flore*

mankind : *le genre humain*

survival : *la survie*

to ban nuclear tests : *interdire les essais nucléaires*

a nuclear-free zone : *une zone dénucléarisée*

radioactivity : *la radioacticité*

depleted uranium : *uranium appauvri*

radioactive fallout : *les retombées radioactives*

acid rain *(toujours au singulier)* : *des pluies acides*

damage *(toujours au singulier)* : *les dégats*

to preserve biodiversity : *préserver la biodiversité*

an endangered species : *une espèce en voie de disparition*

an extinct species : *une espèce disparue. Plur.* : *species (id.)*

to be at war with : *être en guerre contre*

to be threatened with : *être menacé de...*

to contaminate : *contaminer*

to be contaminated.

to poison : *empoisonner*

to leak : *fuir (avoir une fuite).* **a radioactive leak** : *une fuite radioactive*

a nuclear power plant : *une centrale nucléaire*

to reject : *rejeter*

to dump : *déverser, jeter (ordures)*

to spew, to belch : *vomir, cracher (fumées, gaz toxiques)*

to recycle : *recycler*

waste disposal : *le traitement des déchets*

to ban : *interdire*

to cut out : *supprimer/to cut down, to curb* : *réduire*

to run out : *s'épuiser*

a shortage: *une pénurie*

to wreck : *détruire, démolir*

to endanger, to jeopardize, to threaten : *mettre en danger*

to wreak havoc on : *provoquer de ravages*

to doom : *condamner*

to loot/to plunder : *piller*

to waste/to squander : *gaspiller*

to guzzle : *consommer en quantités énormes*

harmful, noxious : *nocif, nuisible*

careless : *imprudent*

unpredictable : *imprévisible*

hazardous : *dangereux*

devastating : *dévastateur, catastrophique*

lethal, deadly : *mortel*

rampant : *incontrôlé, galopant*

scarce : *rare, peu abondant*

widespread : *répandu*

dramatic : *spectaculaire (faux-ami)*

biodegradable : *biodégradable*

disposable : *jetable*

drastically : *radicalement, sévèrement*

natural disasters ; **catastrophes** : *catastrophes naturelles*

an oil slick : *une nappe de pétrole*

an oil spill : *une marée noire*

marine pollution.

a pollutant : *un produit polluant*

a sewer : *un égout*

sewage : *les eaux d'égout*

a stench : *une puanteur*

global warming : *le réchauffement de la planète*

the greenhouse effect : *l'effet de serre*

the ozone layer : *la couche d'ozone*

ozone-friendly : *qui préserve la couche d'ozone*

ozone depletion : *la diminution de la couche d'ozone*

CFCs : **greenhouse gases** : *les CFC (chlorofluocarbons), les gaz à effet de serre*

the possible aftermath of global warming : *les conséquences possibles du réchauffement planétaire*

dramatic changes : *des changements spectaculaires*

a major shift : *un changement important*

climatic disruptions : *des perturbations climatiques*

to endanger : *mettre en danger*

a hazard : *faux-ami* : *un danger.* **hazardous** : *dangereux, risqué*

a drought : *une sécheresse*

a flood : *une inondation*/**to be flooded** : *être inondé*

a landslide : *un glissement de terrain*

an earthquake : *un tremblement de terre*

a hurricane : *un ouragan*/**a storm** : *une tempête*

a hot spell : *une vague de chaleur*

a pesticide : *un pesticide*

crop spraying : *la pulvérisation des cultures*

factory fumes, smoke : *les fumées industrielles*

asphixiation : *l'asphixie*

anti-pollution checks : *des contrôles anti-pollution*

traffic restrictions : *limitations de la circulation*

unbreathable : *irrespirable*

an exhaust pipe : *un pot d'échappement*

carbon monoxide : *le monoxyde de carbone*

carbon dioxide : *le dioxyde de carbone*

the countryside : *la campagne*

to disfigure : *défigurer*

spoilt : *abîmé, défiguré*

a landfill site : *un centre d'enfouissement des déchets*

a garbage dump, a refuse tip : *une décharge publique, un terrain de décharge*

deforestation : *le déboisement*

woodlands : *régions boisées*

to destroy : *détruire*

to devastate : *dévaster*

to wipe out, to obliterate, to eradicate *effacer,supprimer*

to cut down forests : *abattre des forêts*

to raze a forest : *raser une forêt*

careless cutting : *coupes inconsidérées*

the torching of a forest : *la mise à feu délibérée de la forêt*

a forest fire : *un incendie de forêt*

FICHE N° 2 – L'ENTREPRISE

Companies

a multinational : *une multinationale*

a conglomerate : *un conglomérat*

a consortium : *un consortium*

a trust : *un trust*

a concern: *une entreprise*

a firm/a company : *une société*

a branch: *une succursale*

a subsidiary : *une filiale*

the headquarters, the Head Office : *le siège d'une société*

a Hong-Kong-based company : *une société qui a son siège à Hong-Kong*

L'organisation de l'entreprise

company management : *la gestion d'entreprise*

to run a company : *diriger une entreprise*

to be at the head of... : *être à la tête de...*

a decision-maker : *un décideur*

the top management/the top executives : *les cadres supérieurs.*

the senior staff : *idem*

the chairman : *le président*

the chief executive officer (CEO) : *le PDG*

the general manager : *le directeur général*

the board of directors/the company board : *le conseil d'administration*

the assistant-manager : **the deputy-manager** : *le directeur adjoint*

an executive secretary : *secrétaire de direction*

a regional manager/a district manager : *directeur régional*

a department manager : *un chef de service*

a sales manager : *directeur des ventes*

to chaira meeting : *présider une réunion/un conseil*

to hold a meeting : *tenir une réunion/un conseil*

to pass a motion : *adopter une motion*

to reject a motion : *rejeter...*

the agenda : *l'ordre du jour*

an item on the agenda : *un point à l'ordre du jour*

the staff : *le personnel*

the payroll : *la masse salariale*

a clerk : *un employé de bureau*

an employee : *un employé*

an accountant : *un comptable*

a trainee : *un stagiaire*

a store-keeper : *un magasinier*

a chief clerk : *un chef de bureau*

clerical work: *le travail de bureau*

to look ahead : *regarder l'avenir en face*

to display managerial skills : *montrer des qualités de gestion*

to stake one's career : *mettre sa carrière en jeu*

to be dedicated to : *être dévoué à*

to be fit for... : *avoir le profil pour...*

an ability : *une aptitude*

qualifications : *des qualifications, les diplômes*

skills : *les compétences*

work experience : *l'expérience professionnelle*

expertise : *la compétence*

know-how : *le savoir-faire*

well-trained : *bien formé*

efficient : *efficace*

to be overworked : *être surmené*

a workaholic : *un bourreau de travail*

to be hardworking : *travailler dur*

painstaking : *appliqué*

authoritarian : *autoritaire*

ruthless, merciless : *impitoyable*

to be workshy : *être paresseux*

a loafer : *un paresseux, un tire-au-flanc*

a scrounger/a sponger : *un parasite*

to offer a wage incentive : *offrir une incitation salariale*

job satisfaction : *la satisfaction professionnelle*

the social ladder : *l'échelle sociale*

a two-tier society : *une société à deux vitesses*

the rat race : *la course à la réussite, la foire d'empoigne*

to go from rags to riches : *faire fortune en partant de rien, être nouveau-riche* (rags : *haillons*)

social mobility : *la mobilité sociale*

◗ The new economy

the high-tech sector : *le secteur des hautes technologies*

high-tech economic growth : *la croissance économique des hautes technologies*

a start-up : *une start-up*

a web-site : *un site sur le web*

to launch a start-up : *lancer une start-up*

a dotcom : *une « dotcom » ; une « pointcom »*

an incubator : *un incubateur*

◗ Financial straits : les difficultés financières

a loss : *une perte/***a dead loss** : *une perte sèche*

to incur losses : *subir de pertes*

to run up losses : *accumuler des pertes*

to cut one's losses : *limiter ses pertes*

to sell at a loss : *vendre à perte*

to sell at cost price : *à prix coûtant*

an indebted firm/a leveragedfirm : *une société endettée*

insolvency: *insolvabilité/***insolvent** : *insolvable*

solvent/solvency : *solvable, la solvabilité*

an ailing company : *en difficulté*

to suffer a setback : *subir un revers*

surging costs : *augmentation rapide des coûts*

collapsing profits : *bénéfices en chute libre*

to battle for survival : *lutter pour sa survie*

to run a company into the ground : *laisser péricliter*

to go bankrupt/to go bust/to go broke : *faire faillite*

a bankrupt company : **a bust company** : *une société qui a fait faillite*

◗ The Stock Exchange

the Stock Exchange : *la Bourse*

the trend of the dollar : *la tendance*

a listed/quoted company : *une société cotée en Bourse*

a share/equities : *une action, des actions*

stocks : *les actions*

stocks and shares : *valeurs mobilières*

a company's equity/share capital/total stock capital : *le capital d'une société*

a portfolio : *un portefeuille d'actions*

a shareholder : *un actionnaire*

a bearer : *un porteur*

private investors/small investors/small shareholders : *petits porteurs*

a stockbroker/a brokerage firm : *un agent de change*

securities *(terme général)* : *des titres*

government securities/treasury bills : *bons du Trésor*

bonds : *obligations*

a currency : *une monnaie*

the exchange rate : *le taux de change*

a floating currency : *flottante*

a fixed currency : *à parité fixe*

a dollar : *familier* : *a buck/a greenback*

a pound : *familier* : *a quid*

Ex. : Can you lend me ten quid? : *peux-tu me prêter cent balles ?*

to mint/to coin money : *frapper de la monnaie*

a bill *(US)* **a banknote** *(brit.)* : *un billet de banque*

change : *de la petite monnaie*

a coin : *une pièce de monnaie*

to trade on the Stock Market : *faire des transactions boursières*

the fluctuations of the market : *les fluctuations du marché*

the market can be : *firm* : *ferme*/**brisk** : *animé*/**buoyant** : *soutenu*/**active**

or : **dull** : *terne*/**sluggish** : *anémié* : (**a slug** : *une limace*)/(**depressed** : *déprimé*)/(**erratic** : *irrégulier*)

an ailing market : *mal en point*

to edge down : *fléchir légèrement*

to edge up : *monter légèrement*

to fall into the doldrums : *tomber dans le marasme*

the index : *l'indice. Plur.* : **the indices**

the F.T. index : *the Financial Times index*

the Dow Jones : *l'index de Wall Street (la Bourse de New York)*

the Nasdaq : *le marché et l'indice de la nouvelle économie américaine*

Going down : la baisse

financial exposure : *les risques financiers*

a bear : *un spéculateur à la baisse*

a bear market/a bearish market : *un marché baissier*

to go abear : *spéculer à la baisse*

a weak market/a falling market : *en baisse*

a downturn: *un repli*

to ease/to drift : *baisser légèrement*

a plunging market : *en chute libre*

a jittery/jumpy/restive market : *nerveux*

a crash/a collapse/a smash/a free fall : *un effondrement*

a debacle/a rout : *une déroute*

a slump/a recession : *marasme*

to be in deep water : *dans une situation difficile*

to plummet/to take a nosedive : *plonger*

to drop/to collapse/to tumble down/to plunge : *idem*

to trigger a crash : *provoquer un effondrement*

to suffer heavy losses : *subir de lourdes pertes*

to be wiped out : *être ruiné*

Black Monday : *le lundi noir (17 oct. 1987)*

to dump one's shares : **to sell at any price** : *vendre, écouler à bas prix*

to hit an all-time low : *atteindre le niveau le plus bas jamais enregistré*

◗ Going up : la hausse

a bull : *un investisseur optimiste (qui joue le marché à la hausse)*

to go abull/to bull the market : *spéculer à la hausse*

the market is bullish/a bullish tendency : *une tendance à la hausse*

a rising market/a soaring market : *à la hausse*

a hot market : *fébrile*

a volatile market : *erratique*

to hit an all-time high : *atteindre le niveau le plus haut jamais enregistré*

to spurt : *monter soudainement*

a boom : *un essor*

a turnabout : *un revirement (dans les deux sens)*

a tax-haven : *un paradis fiscal*

to yield a profit : *produire un bénéfice*

a takeover : *prise de contrôle (d'une société par une autre).*

a takeover bid : *une O.P.A.*

a merger : *une fusion*

to launch a bid : *lancer une offre*

to snatch a company : *faire main-basse sur*

to sink : *couler*

a corporation : *un organisme/une société par actions*

corporate profit : *les bénéfices des entreprises*

to build an empire : *construire un empire*

to amass a fortune : *amasser une fortune*

to fatten one's wallet : *s'en mettre plein les poches (mot-à-mot : engraisser son portefeuille)*

to rake in billions : *ratisser des milliards*

to produce handsome returns : *procurer un rendement comfortable*

a billionaire : *un millionnaire*

to boost domestic consumption : *stimuler la consommation des ménages*

to entice people to invest : *encourager...*

to go private : *se privatiser*/**a privatization**

a joint-venture : *une société en participation/une joint-venture*

to go to the market : *s'introduire en bourse*

to go global : *se mondialiser*

a private limited company : *une S.A.R.L*

a real-estate company : *une société immobilière*

a building company : *une entreprise de constrution*

an airline company : *une compagnie aérienne*

a shipping company : *une compagnie de navigation*

an insurance company : *une compagnie d'assurances*

a mail-order firm : *une société de vente par correspondance*

FICHE N° 3 – LE MONDE DU TRAVAIL

the affluent society : *la société d'abondance*

to be well-off : *vivre dans l'aisance*

the ruling class : *la classe dirigeante*

the upper classes : *les classes supérieures*

the middle class : *la classe moyenne*

the working class : *la classe ouvrière*

a widening gap between rich and poor : *un écart grandissant entre les riches et les pauvres*

Fam. : **the haves and the have-nots**

high-income groups/bracket : *les tranches de revenus élevés*

low-income groups/bracket : *les tranches de revenus faibles*

the working population : *la population active*

the labour market/the job market : *le marché du travail*

the primary sector: *le secteur primaire*

the secondary sector: *le service secondaire*

the service-sector: *le tertiaire*

a job : *un emploi, un poste, un travail*

work : *du travail*

a work : *une œuvre. Faux-ami : ce mot ne désigne jamais un travail !*

a craft : *un métier une profession*

a craftsman : *un artisan*

craftsmanship : *la compétence/l'art de l'artisan*

employment : *l'emploi*

to look for work, to look for a job : *chercher un emploi*

to be job-hunting : *Fam. chercher un emploi*

a job application : *une demande d'emploi/une candidature à un emploi*

to apply for a job, for a post : *poser sa candidature*

a vacant post, position, job : *un poste vacant*

a job offer : *une offre d'emploi*

a CV : **a curriculum vitae (US : a resumé)** : *un CV*

an employment agency, a recruitment agency : *une agence de placement*

a headhunter : *un chasseur de têtes*

to screen applicants : *sélectionner les candidats*

to recruit somebody, to take on, to hire : *recruter, embaucher*

to handpick applicants : *choisir les candidats avec grand soin*

to appoint somebody to a post : *nommer quelqu'un*

he has been appointed manager : *il a été nommé directeur*

a work contract : *un contrat de travail*

a term contract : *un contrat à durée déterminée*

the black economy, the underground economy : *l'économie parallèle*

to moonlight : *travailler au noir*

working time : *le temps de travail*

a working day/a workday : *un jour ouvrable*

part-time work : *travail à temps partiel*

half-time work : *à mi-temps*

the working week : *la semaine de travail*

the 35-hour working week : *la semaine de 35 heures*

to work flexitime : *avoir un horaire flexible*

work sharing : *le partage du travail*

to work overtime : *faire des heures supplémentaires*

shiftwork, to work in shifts : *travail par roulement*

a team : *une équipe*

to make a living/to earn one's living : *gagner sa vie*

the livelihood : *le gagne-pain*

to be well-paid : *être bien payé*

to be ill-paid/to be underpaid : *être mal payé/sous-payé*

gross income : *le revenu brut*

net income : *le revenu net*

a breadwinner : *un soutien de famille*

pay : *la paie*

wages : *un salaire (hebdomadaire)* : ouvriers

a salary : *un salaire (mensuel, annuel)* : employés

fees : *des honoraires : professions libérales.*

to create jobs : *créer des emplois*

job opportunities : *des débouchés*

an outlet: *un débouché*

a probationary period, a trial period : *une période d'essai*

to promote someone, to upgrade someone : *promouvoir*

to demote, to downgrade : *rétrograder*

to transfer : *muter*

to move to a new job, to change jobs, to switch jobs, to churn jobs : *changer d'emploi*

vocational training : *la formation professionnelle*

in-service training : *formation continue (en entreprise)*

a training course : *un stage*

to retrain : *se recycler (pour un nouveau métier)*

to go to a refresher course : *se recycler (pour se perfectionner)*

to be in work, to have a job, to be in employment : *avoir un emploi*

Le chômage : unemployment

a labour surplus : *un excédent de main d'œuvre*

a labour shortage : *une pénurie de main d'œuvre*

a shrinkage of employment : *une diminution de l'emploi*

overmanning : *les sureffectifs*

staff reductions : *compression de personnel*

a redundancy plan : *un plan de réduction du personnel*

a slimming down programme : *un programme de réduction du personnel*

Réduire la main d'œuvre

to eliminate jobs, to axe jobs, to shed jobs, to slash the workforce, to downsize the workforce, a cutback in the workforce, a cut in manpower, a cut in the worforce : *réduire la main d'œuvre*

to streamline : *rationaliser la production*

to lay off workers : *mettre des employés au chômage technique*

to dismiss somebody : *renvoyer*

to sack, to fire : *(familier)* : *virer*

to get the sack, to be sacked, to be fired : *être viré*

to lose one's job : *perdre son travail*

jobless, unemployed : *au chômage*

Workers and working conditions

a worker : *un travailleur*

a workman : *un ouvrier*

a female worker : *une ouvrière*

a factory worker, a factory hand : *un ouvrier*

a workshop : *un atelier*

to work on a production line : *travailler à la chaîne*

labour, the workforce, manpower : *la main d'œuvre*

a labourer : *un manœuvre (attention : faux-ami)*

a seasonal worker : *un travailleur saisonnier*

a blue collar worker : *un col bleu*

a white collar worker : *un col blanc*

an unskilled worker : *un ouvrier non qualifié*

a semi-skilled worker : *ouvrier spécialisé*

a skilled worker : *ouvrier qualifié*

a temporary worker (a temp) : *un intérimaire*

an immigrant worker : *un travailleur immigré*

odd jobs : ***des** petits boulots*

a steady job : *un emploi stable*

a pay hike/a pay rise : *une augmentation de salaire*

a bonus : *une prime*

the minimum wage : *le SMIC*

a wage freeze : *un blocage des salaires*

benefits/perks : *les avantages en nature*

a civil servant : *un fonctionnaire*

a senior civil servant/a top civil servant : *un haut fonctionnaire*

a professional : *un membre d'une profession libérale*

a YUPPIE (Young Urban Professional) : *un jeune cadre dynamique*

a golden boy : *un golden boy*

a go-getter : *un ambitieux*

Les syndicats

the unions/the trade unions/the labour unions : *les syndicats*

a union member/a trade-unionist : *un syndiqué*

a union official : *un responsable syndical*

a union representative : *un délégué syndical*

a works council : *un comité d'entreprise*

political clout : *l'influence politique*

labour unrest/social discontent : *l'agitation sociale*

labour strife : *les conflits du travail*

industrial upheavals : *les conflits sociaux*

a grievance : *une doléance*

a wage claim/a wage demand : *une revendication salariale*

industrial action : *action syndicale*

a wave of strikes : *une vague de grèves*

to call a strike : *lancer un mot d'ordre de grève*

to call off a strike : *annuler un mot d'ordre de grève*

to strike : *faire grève*

a striker : *un gréviste*

to go on strike : *se mettre en grève*

an all-out strike : *une grève générale*

a wild cat strike : *une grève sauvage*

a lightning strike : *une grève surprise*

a walk-out : *un débrayage*

to down tools : *arrêter le travail*

a strike breaker : **a blackleg** *un briseur de grève*

a showdown/a tug-of-war : *une épreuve de force*

a stalemate/a deadlock : *une impasse*

to be stymied : *être dans l'impasse*

to come to a standstill : *s'arrêter*

to come to a compromise : *arriver à un compromis*

to come to terms/to reach an agreement : *arriver à s'entendre/arriver à un accord*

to strike a deal : *conclure un accord*

FICHE N° 4 – VIOLENCE ET CRIMINALITÉ

the escalation of violence : *l'escalade de la violence*

to be prone to violence : *être enclin à la violence*

a crime : *un crime*

a criminal : *un criminel*

an offendera/delinquenta/law-breaker : *un délinquant*

a second offence : *une récidive*

to commit a second offence : *récidiver*

recidivism : *le récidivisme*

a riot : *une émeute*

a fight : *une bagarre*

havoc *(toujours au sing.)* : *des dégats*

to wreak havoc : *causer d'importants dégats*

to sack : *mettre à sac*

to loot/to plunder : *piller*

to rob a bank : *dévaliser une banque*

a hold up : *un braquage*

to break in : *entrer par effraction*

an offence : *un délit*

an assault : *une agression*

assault and battery : *coups et blessures*

racket/a racketeer : *le racket/un racketeur*

an accomplice : *un complice*

an arson : *un incendie volontaire*

an arsonist : *un pyromane*

a thug : *un voyou, un loubard*

a crook, a conman, a swindler : *un escroc*

a smuggler : *un contrebandier*

a mugger : *un agresseur*

to mug : *agresser/***a mugging** : *une agression*

pickpocketing : *le vol à la tire*

vandalism/a vandal/to vandalize : *le vandalisme, un vandal, vandaliser*

a rapist : *un violeur*/**to rape** : *violer*

burglary : *cambriolage à domicile/to burglarize, a burglar*

theft : *le vol*/**a thief** : *un voleur*

theft and handling : *vol et recel*

robbery : *vol qualifié*

larceny : *vol simple*

shoplifting : *vol à l'étalage*

petty larceny : *larcin*

a kidnapping/an abduction : *un enlèvement*

a ransom : *une rançon*

to blackmail : *faire du chantage*

to take somebody hostage : *prendre en otage*

hostage taking : *la prise d'otage*

retaliation : *des représailles*

fraud : *fraude*

forgery : *faux et usage de faux*

a forger : *un faussaire*

to embezzle : *détourner des fonds*

a crook/a swindler : *un escroc*

to con : *escroquer/a conman* : *un escroc*

juvenile delinquency, a juvenile delinquent

to skip school, to cut classes : *sécher les cours*

to drop out of school : *abandonner ses études*

a dropout : *un jeune qui a abandonné l'école*

a serial killer : *un tueur en série*

a murder : *un meurtre/a murderer/to murder*

to assassinate : *(lorsqu'il s'agit de quelqu'un de connu)*

a homicide : *un homicide*

an infanticide : *un infanticide*

to slay/to slaughter : *massacrer*

a massacre, a slaughter, a bloodbath, a mass killing : *une tuerie*

to stab : *poignarder*

to cosh/to club : *matraquer*

to strangle : *étrangler*

to smother : *étouffer*

to lynch : *lyncher*

to poison : *empoisonner*

to drown : *noyer, se noyer*

to batter : *martyriser*

a battered child a battered woman : *un enfant/une femme battu(e)*

to molest : *malmener*

sexual molesting : *attentat à la pudeur*

child abuse : *violences sur enfant (souvent sexuelles)*

to arrest somebody : *arrêter quelqu'un*

an arrest : *une arrestation.*

to be kept in custody : *être en garde à vue*

a criminal record : *un casier judiciaire*

to be tried for murder : *être jugé pour meurtre*

to go to jail : *to go to prison* : *to get jailed*

a defendant : *un prévenu, un accusé*

the prosecution : *l'accusation*

a witness : *un témoin*

to give evidence : *témoigner*

to gather evidence : *rassembler des preuves*

to return a verdict : *rendre un verdict*

to convict someone/to find someone guilty : *rendre un verdict de culpabilité*

organized crime : *le grand banditisme*

the mafia : *la mafia*

the syndicate : *la mafia (ne pas confondre avec «* **a union** *» : un syndicat !)*

a crime syndicate : *un syndicat du crime*

the mob : *la pègre, le milieu*

a mobster : *un truand*

a godfather : *un parrain*

arms trafficking : *le trafic d'armes*

to bootleg : *faire de la contre-bande d'alcool*

the underworld : *la pègre, le milieu*

a hit man : *un tueur à gages*

a hit squad : *un groupe de tueurs*

to make a hit : *remplir un contrat.*

a murder contract : *un meurtre sur commande*

racketeering : *le racket*

prostitution, a prostitute : *une prostituée*

a pimp : *un souteneur*

FICHE N° 5 – LA DROGUE

soft drugs : *drogues douces*

hard drugs : *drogues dures*

marijuana/shit/hash/LSD/opium/cocain/crack/heroin/methadone

to inject oneself with... : *se faire une injection à l'aide de...*

a syringe : *une seringue*

a crack seizure : *une saisie de crack*

a drug addict a drug taker, a dope fiend, a junky *(fam.)* : *un drogué*

the drug habit : *l'accoutumance*

dependence : *la dépendance*

to be on drugs : *se droguer*

a drug-ridden society : *une société envahie par la drogue*

widespread : *répandu/étendu*

pervasive : *envahissant*

far-reaching : *d'une grande portée*

rampan*t* : *qui sévit de plus en plus*

drug-trafficking : *le trafic de drogue*

to push drugs, to deal in drugs : *revendre de la drogue*

a drug dealer, a drug pusher, a supplier, a peddler, a drug trader = *un dealer, un vendeur de drogue*

a drug lord, a drug baron : *un seigneur, un baron de la drogue*

a drug thug : *un mafieux*

the drug mafia, the drug underworld : *le milieu, la pègre de la drogue*

a drug connection, a drug network : *un réseau de drogue*

a shipment, a load : *une cargaison*

to yield coca : *produire du coca*

to meet the demand : *répondre à la demande*

a source of supply : *une source d'approvisionnement*

a substitute for : *une produit de substitution*

drug money : *narco-dollars*

the drug business : *le commerce de la drogue*

the drug revenues : *l'argent de la drogue*

to rake in profits : *ramasser des bénéfices à la pelle*

highly profitable : *très rentable*

a booming trade : *un commerce florissant*

money laundering : *le blanchiment de l'argent*

dirty money : *l'argent sale*

drug-related corruption : *la corruption liée à la drogue*

to bribe : *soudoyer*/**a bribe** : *un pot-de-vin*

The war on drugs

the DEA (Drug Enforcement Administration) : *l'office américain de répression de la drogue*

a drug squad : *une brigade des stupéfiants*

to confront the drug threat : *faire face à la menace de la drogue*

to take a strong stand against... : *adopter une attitude ferme face à...*

to tackle the problem : *s'attaquer au problème*

to give the drug war high priority : *donner la priorité...*

to launch a crusade against : *lancer une croisade contre*

to declare war on... : *déclarer la guerre à...*

to fight the drug scourge : *s'attaquer au fléau de la drogue*

a national drug-control policy : *une politique de lutte anti-drogue*

to set up a drug-education programme : *mettre sur pied un programme d'information*

to pass anti-drug legislation : *faire voter des lois contre les stupéfiants*

to be arrested on narcotics charges : *être arrêté pour détention de drogue*

to be on probation : *être à l'épreuve*

detoxification: *la désintoxication*

to cut drug use : *réduire sa consommation de drogue*

to keep drug-free : *ne plus toucher à la drogue*

a drug clinic : *un centre pour toxicomanes*

to score a victory : *remporter une victoire*

a cure *(faux-ami)* : *un remède*

to undergo drug therapy : *entreprendre une cure de désintoxication*

to be monitored : *être contrôlé*

to relapse, to slip back into : *rechuter*

to legalize/to liberalize : *légaliser*

to decriminalize : *dépénaliser*

permissiveness : *la permissivité, laxisme*

a plague/a scourge/an evil : *un fléau*

to pose a threat to life : *représenter une menace*

to undermine ones' health : *miner sa santé*

FICHE N° 6 – LES PROBLÈMES SOCIAUX

to live below the poverty line : *vivre en-dessous du seuil de pauvreté*

to live from hand to mouth : *vivre au jour-le-jour*

to be in straitened circumstances : *être dans la gêne*

to be destitute : *être nécessiteux*

to be in need : *dans le besoin*

to be penniless, to be broke *(fam.)* : *être sans le sou*

to find it difficult to make ends meet : *avoir du mal à joindre les deux bouts*

to have a low income : *avoir un petit revenu*

the dregs/the scum of society : *la lie de la société*

poverty-stricken : *misérable*

to be in dire straits : *être dans une misère noire*

to be strapped for cash : *être sur la paille*

to have slender means : *avoir de petits moyens*

to tighten one's belt : *se serrer la ceinture*

the bare necessities : *le strict minimum*

the cost of living : *le coût de la vie*

poor housing : *des logements misérables*

to be pauperized : *être réduit à l'indigence*

grinding poverty : *la misère noire*

a vicious circle : *un cercle vicieux*

to run up enormous debts : *accumuler d'énormes dettes*

a beggar, to beg : *un mendiant, mendier*

the street people, the homeless : *les sans-logis*

the urban poor : *les pauvres des villes*

urban evils : *les problème urbains*

slums : *des taudis*

shantytowns : *des bidonvilles*

violence-prone areas : *des quartiers où règne la violence*

the inner-city areas : *les quartiers pauvres des centre-villes*

to be trapped in a ghetto : *être prisonnier d'un ghetto*

to be left behind : *être laissé pour compte*

to breed violence : *engendrer la violence*

a racial conflict : *un conflit racial*

to spark clashes : *provoquer des heurts*

to harass : *harceler*

to terrorize : *terroriser*

to molest : *brutaliser*

a vagrant vagrancy : *un vagabond, vagabondage*

a tramp a hobo *(US)* : *un clochard*

a bag lady : *une clocharde (elle transporte ses biens dans des sacs)*

to beg/to panhandle *(US)* : *mendier*

to live on the fringe of society : *vivre en marge de la société*

to go busking : *faire la manche (en jouant de la musique dans la rue)*

an economic status : *un statut économique*

to be uprooted : *être déraciné*

to be pushed under the poverty line

the working poor : *les travailleurs pauvres*

a poverty program : *un programme de lutte contre la pauvreté*

a shelter : *un asile, un foyer d'accueil*

welfare services : *les services d'assistance sociale*

a relief bureau, a welfare agency : *une bureau d'aide sociale*

social security benefits : *les prestations sociales*

the Welfare State : *l'état-providence (la sécurité sociale et autres avantages sociaux)*

a social worker a welfare worker : *un (une) assistant(e) sociale*

Social Security : *l'aide sociale*

to be on social security, to be on welfare : *bénéficier de l'aide sociale*

to get public assistance : *recevoir l'aide publique*

to refund : *rembourser*

to relieve/to alleviate : *soulager*

an allowance : *une allocation*

a subsidy : *une subvention*

a grant : *une aide, une allocation*

benefits : *des prestations*

unemployment benefit : *allocation chômage*

to be on the dole : *toucher l'allocation chômage*

income support : *complément de revenu*

sickness benefit : *assurance-maladie*

a maternity allowance : *allocation de maternité*/**maternity leave** : *congé de maternité*

family allowances : *allocations familiales*

housing benefit : *allocation logement*

family breakdown : *l'éclatement de la famille*

a broken family : *une famille éclatée*

a single-parent family : *une famille monoparentale*

a foster home : *une famille d'accueil*

to put a child into care : *confier un enfant à une famille d'accueil*

an old age pension : *pension de vieillesse*

retirement pension : *pension de retraite*

retirement, to be retired : *la retraite, être retraité*

a retiree (US), a pensioner, an old age pensioner (OAP) : *un retraité*

senior citizens : *les personnes du 3e âge*

a retirement home, an old people's home : *une maison de retraite*

FICHE N° 7 – L'IMMIGRATION

an immigrant : *un immigré*

an illegal immigrant : *un immigré clandestin*

an alien : *un ressortissant étranger*

a national : *un ressortissant*

a native : *un autochtone*

to go through the customs : *passer la douane*

to check documents : *vérifier les papiers*

to issue a visa : *délivrer un visa*

a temporary visa : *un visa à durée déterminée*

a host country : *un pays d'accueil*

a migratory movement : *un mouvement migratoire*

mass migration : *migration massive*

to grant citizenship : *accorder la citoyenneté*

to grant political asylum : *accorder l'asile politique*

to naturalize : *naturaliser*

to seek employment : *chercher du travail*

to be spurred by a sense of desperation : *être poussé par un sentiment de désespoir*

to be pushed by poverty : *être poussé par la misère*

overpopulation : *la surpopulation*

to flee from : *fuir*

to escape famine : *échapper à la famine*

the brain drain : *la fuite de cerveaux*

a relative : *un parent (membre de la famille)*

to join one's family : *rejoindre sa famille*

to pull up one's roots... : *rompre avec...*

to cut oneself off from one's roots : *se couper de ses racines*

to break with the past : *rompre avec le passé*

to forsake : *abandonner*

to flee troubles : *fuir les conflits*

a leap towards freedom : *un saut vers la liberté*

to be displaced : *être déraciné.*

to flee a dictatorship : *fuir une dictature*

to cope with : *affronter*

to overcome : *surmonter*

to endure hardships : *supporter des privations*

a language barrier : *une barrière linguistique*

hazardous *(faux-ami)* : *dangereux*

precarious : *précaire*

exhausting : *épuisant*

to be deprived of : *être privé de*

a surge of immigrants : *une vague d'immigrants*

a flood : *un déferlement*

an exodus : *un exode*

to be overwhelmed : *être envahi*

to let in : *laisser entrer*

to take in : *absorber*

to open one's borders : *ouvrir ses frontières*

to stream across the border : *traverser la frontière en masse*

to curb the flow (the flood) : *limiter l'afflux*

a barrier : *une barrière*

a reluctant host country : *un pays d'accueil malgré lui*

the quota system : *le système des quotas*

a restrictive policy : *une politique restrictive*

to relax (to slacken) restrictions : *assouplir des restrictions*

to tighten : *renforcer*

to soften : *adoucir*

to pass laws against : *promulger des lois contre*

to tighten visa requirements : *renforcer les conditions d'obtention des visas*

to prohibit : *interdire*

to ban automatic citizenship : *interdire la citoyenneté d'office*

to favour : *être partisan de*

to screen out : *sélectionner*

to be turned back : *être refoulé*

a harsh policy : *une politique dure*

arbitrary : *arbitraire*

inhumane : *inhumain*

to violate laws : *violer les lois*

to set up a network : *installer un réseau*

a border guard : *un garde-frontière*

an undocumented worker (US) : *un travailleur clandestin*

to overstay : *dépasser la durée de son droit de séjour*

bogus documents : *des faux-papiers*

forged, fake, counterfeit : *falsifié*

a non-registered immigrant : *un immigré en situation irrégulière*

a human cargo : *une cargaison humaine*

to smuggle in : *faire entrer illégalement*

a smuggling ring : *un réseau de passeurs*

a smuggler : *un passeur*

FICHE N° 8 – LES DROITS DE L'HOMME

Human Rights : *les Droits de l'Homme*

civil rights : *les droits civiques*

equality of rights : *l'égalité des droits*

to fight for one's rights : *se battre pour...*

the observance of human rights : *le respect des droits de l'homme*

a human rights activist : *un militant des droits de l'homme*

freedom of speech : *la liberté de parole*

freedom of worship/of conscience : *la liberté de culte/de conscience*

freedom of the press : *la liberté de la presse*

freedom of expression : *la liberté d'expression*

freedom of thought : *la liberté de pensée*

freedom of opinion : *la liberté d'opinion*

human rights abuses : *les violations des droits de l''homme*

to oppress : *opprimer*

to deny a right : *refuser un droit*

to persecute : *poursuivre en justice*

a persecution/to terrorize

to violate human rights : *violer les droits de l'homme*

a repressive regime : *un régime répressif*

a dictatorship : *une dictature*

to outlaw/to ban : *interdire*

censorship : *la censure*

to isolate : *isoler*

to silence : *réduire au silence*

to send into exile/to deport

a concentration camp/a gulag

a labour camp : *un camp de travail*

to be reported missing : *être porté disparu*

a death squad : *un escadron de la mort*

to torture/to commit atrocities

barbaric : *barbare/***inhuman**

to ill-treat : *maltraiter*

to mutilate : *mutiler*

a genocide/mass killing/extermination

a mass grave : *un charnier*

to slaughter : *massacrer*

a charter : *une charte*/**a convention**

an application : *un recours*

a crime against humanity : *un crime contre l'humanité*

worldwide support : *le soutien international*

FICHE N° 9 – LE TIERS MONDE

the third world : *le Tiers Monde* (**the first world** : *les pays industrialisés*)

the less developed countries : *les pays les moins avancés*

developing countries : *les pays en voie de développement*

the North-South dialogue : *le dialogue Nord-Sud*

a charity : *une organisation caritative*

relief *(toujours au singulier)* : les secours, l'aide

humanitarian relief : *l'aide humanitaire*

a relief organization : *un organisme de secours*

to mount a relief operation : *monter une opération de secours*

to come to the rescue of... : *venir au secours de...*

to cooperate : *coopérer*

relief workers : *des équipes de secours*

volunteer workers : *des bénévoles*

a refugee camp : *un camp de réfugiés*

a relief camp : *un camp de secours*

a makeshift camp : *un campement de fortune*

famine /starvation : *la famine*

malnutrition : *la sous-alimentation*

to die of starvation : *mourir de faim*

infant mortality : *la mortalité infantile*

AIDS : *le sida*

HIV positive : *séropositif*

a country overwhlemed by AIDS : *un pays envahi par le sida*

to spread unchecked : *se propager librement*

a vaccine : *un vaccin*

a drought : *une sécheresse*

a well : *un puits*/**to dig a well** : *creuser un puits*

to irrigate : *irriguer*

unproductive soil : *sol pauvre*

to give priority to : *donner la priorité*

to close a gap/to bridge a gap : *combler un écart*

to eradicate hunger, illness, poverty : *faire disparaître la faim...*

a project/a scheme : *un programme*

food supplies : *des vivres*

a shanty town : *un bidonville*

a swollen city : *une explosion démographique urbaine*

a megacity : *une ville géante*

squalid lodgings : *logements sordides*

illiteracy : *l'illéttrisme*

literacy : *haut degré d'alphabétisation*

FICHE N° 10 – LA BIOÉTHIQUE

bioethics : *la bioéthique*

a code of ethics : *un code de déontologie*

a controversial issue : *une question controversée*

contentious, polemical : *litigieux*

to raise a number of issues : *soulever une série de problèmes*

to face an issue : *regarder un problème en face*

a thorny, tricky problem : *épineux, délicat*

a dilemma : *un dilemme*

a matter of conscience : *une question de conscience*

to be morally inadmissible : *être moralement inadmissible*

to find the middle ground : *trouver un terrain d'entente*

to condone : *fermer les yeux sur*

to ban experiments on : *interdire les expériences*

to be wary of : *se méfier de*

to misuse a technique : *détourner une technique*

genetics : *la génétique*

genetic engineering/genetic manipulations : *les manipulations génétiques*

genetic advances : *les progrès de la génétique*

reproductive manipulation : *aide à la procréation*

reproductive technology : *technologie de la procréation*

baby-making technology : *procréation médicalement assistée (PMA)*

a test-tube baby : *un bébé-éprouvette*

lab experiments : *des expériences de laboratoire*

IVF (in vitro fertilization) : *la fécondation in-vitro*

artificial insemination : *l'insémination artificielle*

a surrogate mother : *une mère porteuse*

a sperm bank, an embryo bank : *la banque du sperme*

antenatal diagnosis : *diagnostic prénatal*

the status of the embryo : *le statut de l'embryon*

cloning : *le clonage*/**a clone** : *un clone*

eugenics : *l'eugénisme*

to create a master race : *créer une race de surhommes*

to change the course of heredity : *changer le cours de l'hérédité*

to foster genetic uniformity : *favoriser l'uniformité génétique*

respect <u>for</u> life : *le respect de la vie*

an ethics committee : *un comité d'éthique*

to draw the line : *fixer une limite*

to denounce a practice : *s'élever contre une pratique*

to halt the use of cloning : *mettre fin au clonage*

L'avortement

to get an abortion : *se faire avorter*

to perform an abortion : *pratiquer un avortement*

to end a pregnancy : *mettre fin à une grossesse*

to induce an abortion : *provoquer un avortement*

to resort to an abortion : *avoir recours à l'avortement*

an abortion center/clinic : *un centre/une clinique qui pratique l'avortement*

a backstreet abortionist : *une faiseuse d'anges*

to be pro-life : *être contre l'avortemen/a pro-lifer* : *un adversaire de l'avortement*

an antiabortionist : *un adversaire de l'avortement*

the anti abortion cause : *le parti des adversaires de l'avortement*

the right to life : *le droit à la vie/a right-to-life movement* : *un mouvement contre l'avortment*

the Christian Coalition : *mouvement américain de l'extrème-droite chrétienne*

to disapprove <u>of</u> abortion : *être opposé à l'avortement*

to outlaw/to ban abortion : *interdire l'avortement*

to be tantamount to murder : *être équivalent à un meurtre*

baby killing : *infanticide*

a criminal act : *un acte criminel*

traditional family values : *les valeurs traditionnelles de la famille*

an abortion-rights activist : *un militant pour le droit à l'avortement*

a pro-choice activist/a pro-choicer : *un partisan du droit à l'avortement*

to control one's life : *être maître de son existence*

La peine capitale

capital punishment : *la peine capitale*

a death sentence : *une condamnation à mort*

to be on death row : *être dans le couloir de la mort*

to carry out a death penalty : *exécuter la peine de mort*

to execute : *exécuter*

to retain capital punishment : *conserver la peine capitale*

to restore capital punishment : *rétablir la peine capitale*

to enforce the death penalty : *appliquer la peine de mort*

to abolish/abolition : *abolir/l'abolition*

an advocate/a proponent : *un partisan*

an opponent of : *un adversaire à*

to appeal against a death sentence : *faire appel d'une condamnation à mort*

to review a death sentence : *examiner une condamnation à mort*

to reverse a sentence : *casser une condamnation*

to reject a petition : *rejeter une requête*

a reprieve : *un délai de grâce*

to win a reprieve : *obtenir un délai de grâce*

to grant : *accorder*

a stay of execution : *un sursis à l'exécution d'un jugement*

to pardon : *grâcier*

the electric chair : *la chaise électrique*

to inject/an injection : *faire une injection*

a lethal dose : *une dose mortelle*

to hang : *pendre/to be hanged : être pendu*

death by hanging : *la mort par pendaison*

the firing squad : *le peloton d'exécution*

to shoot dead : *tuer par balles*

to deter : *dissuader*

a deterrent : *une mesure de dissuasion*

to act as a deterrent : *exercer un effet dissuasif*

to commit a second offence : *récidiver*

a primitive attitude : *une attitude/pratique primitive*

a miscarriage of justice : *une erreur judiciaire*

to cheapen the value of human life : *faire peu de cas de la vie humaine*

Cet ouvrage a été achevé d'imprimer en septembre 2007
dans les ateliers de Normandie Roto Impression s.a.s.
61250 Lonrai (Orne)
N° d'impression : 07-2750
Dépôt légal : septembre 2007

Imprimé en France